プロの小説家が教える

クリエイターのための

語彙力図鑑

性格・人物編

著
秀島 迅
Jin Hideshima

日本文芸社

はじめに

物語の書き手にとって、魅力的なキャラクターを描き切ることは命題です。そして読者を魅了するキャラクター描写とは、面白いストーリーを考える以上に難易度の高い創作行為かもしれません。

たとえるなら、ストーリーとは地球のような惑星です。生き物が息づく土台であり、自然や建物が存在することで独自の世界観を構成するステージとなっています。対してキャラクターとは、惑星というステージ上で踊ったり笑ったり泣いたりする、動く生き物たちといえるでしょう。

個々の生き物はすべて異なります。外見はもちろん、気性や個性や嗜好など、千差万別の特性を備え、独自に活動します。かと思いきや、時には仲間同士で力を合わせて行動したり、ほかの誰かを好きになったり、あるいは仲の悪い相手と対峙したり、命を奪い合ったりすることもあります。

もちろんすべては空想上の話ではあるものの、文字を綴(つづ)って文章化し、段落や章を構成して起承転結の展開を象(かたど)れば、形ある物語として現実世界に舞い降りてきます。そうして読者に読まれ、感動や興奮、感涙、衝撃を呼び起こす創作作品として世に出回ります。

とはいえ、より多くの人に読まれ、愛され、支持される作品となるには、キャラクターという生き物たちが命あるが如く生き生きと躍動し、読者が自己投影できるリアルな象徴として描かれなければなりません。さらには、ストーリー自体を盛り上げて引き込むほどのキャラ特性を備えている必要もあります。

それらを決定づけるのが、キャラクターの性格と人物の造形です。本書では、物語の演者であるキャラクターたちを魅力的に描くための語彙を属性別に紹介し、その扱い方を多角的に解説しています。

そして、語彙のすべてに、私が作家としての執筆キャリアを通じて学んだ、キャラクターに命を吹き込むための実践的ノウハウとテクニックを存分に組み込んでいます。

会得すれば、創作活動の一助となること間違いありません。ぜひとも楽しみながら通読し、活用してみてください。

あなたの物語がより多くの人に読まれ、愛され、支持される作品となるために――。

自分が創作したキャラクターに語彙力で〝性格〟を与える

物語創作においては、自分の頭のなかにいる魅力的なキャラクターの性格をいかに読者に伝えられるかが重要になります。しかも文字で表現する際は、必要最低限の字数で、物語上の役割にジャストフィットする性格を付与しなければ、登場人物として機能しません。**『キャラクターの性格＝物語上の存在意義』であり、性格からくる思考や行動の結果、物語が動くことをまず念頭に置きましょう**。この方程式が成り立ってこそ、読者は物語に没入できます。

また、読者は物語のなかで生きるキャラクターを、実際に生存する人物として捉える傾向があります。人となりのイメージを固め、徐々にタイプや人格、正義か悪かといった詳細を認識していきます。その過程で嘘くささや矛盾を感じれば、一気に興ざめし、物語から心を離してしまいます。

あるいは、冗長度の高いキャラクターの説明ばかりが続き、展開がなかなか前へと進まなければ、最後まで通読してもらえる可能性が低くなってしまいます。

その一方、キャラクターの性格の描写が希薄だと、キャラが立っていない、印象に残らない物語としてそっぽを向かれて終わります。じつにさじ加減が難しい問題なのです。

私の場合、右頁のように、性格を８項目のポイントに分けて体系的に組み立てます。ただし、①～⑧をすべて埋める必要はありません。半数の４項目を目安に描写し、キャラクターの登場直後からどんな人なのかを匂わせれば、読者に大枠の性格が伝わります。

①特徴：　　良し悪しにかかわらず、他者と比べて際立つ点
②個性：　　そのキャラ特有の突出した一面
③気質：　　生まれつき備わっている思考と行動の特性
④嗜好：　　興味を深く抱く物事・分野の傾向
⑤長所：　　そのキャラが持つ性質のなかで特に優れる点
⑥短所：　　そのキャラが持つ性質のなかで特に悪い点
⑦傾向：　　思考や行動の方向性
⑧好き嫌い：主観的に好むものと嫌いなものの両極端な例

ここで、ポイントが2つあります。まず、**できるだけ具体的な表現で、深掘りした内容を伝えること**。たとえば①の特徴を書く際、「短気で怒りっぽい」ではNGです。どんなとき、どういうことをされれば怒るのか？　そして怒るとどうなるか？　性格からくる思考や行動まで追究してはじめて性格描写として成立します。

次に、**キャラ同士の性格が被らないようにすること**。一部分でも類似する性格を持たせてはなりません。十人十色がキャラ設定の鉄則です。そのためには性格を表す属性にどんな種類があるのかを知り尽くし、豊富な語彙力を蓄えて対応するしか術はありません。

つまり、本書の存在意義はそこにあるわけです。

『行動・心理・言葉』でキャラクターを〝生きる存在〟として描く

物語のなかでキャラクターを〝生きる存在〟として描くには、ストーリーと密接に連動した『行動・心理・言葉』を三位一体で捉え、表現しなければなりません。

最初に、**『行動・心理・言葉』を三位一体で表現するポイント**について説明します。基本的には以下の７つの要素が描けてはじめて、キャラクター造形が実を結ぶと考えてください。

① 台詞回しに表れる複雑な感情の機微
② 変化に直面したときの言動のリアリティ
③ 人格の多面性を捉えた心理状態
④ 生きる意義を追求する信条
⑤ なぜ行動するかを裏づける動機
⑥ 苦難を乗り越える過程の葛藤と努力
⑦ 成長を遂げたあとの心身と行動の変化

こと主人公キャラに関しては、上記の７つの要素のうち、どれが欠けてもいけません。それぞれがブレることなく絡み合い、**キャラクターという物語上の文字情報を〝生きる存在〟として、感情を備えた人物に仕上げましょう**。具体的な手法としては、まず本書で解説するポジティブ属性とネガティブ属性の性格を、全キャラクターに割り当ててください。そのうえでこれら７つの要素を肉づけしていき、物語上でアレンジ、発展させていきます。

脇役や敵役に関していうなら、7つの要素は必須ではありません。それでも、①「感情の機微」と②「言動のリアリティ」は不可欠な要素となります。

一方で、『行動・心理・言葉』が個別に特化してしまうと、どのような弊害を及ぼすかについて触れておきます。

まず、行動だけを描けば、プロットのように感情を排除した出来事のみの描写に終始します。当然、キャラクターの生き生きとした人間味は伝わりません。テーマやメッセージの訴求も不可能です。

次に、心理だけを描けば、押し問答的な精神論がひたすら続き、出来事が起こらないため、物語は前に進みません。もちろん、読者の共感や応援は得られず、起承転結を構成するのも難しいでしょう。

そして、言葉、つまり台詞だけを描けば、シナリオに等しい体裁となり、読者の感情移入を促したり、ドラマティックな展開やキャラクターの特長を描写したりすることが困難となります。

行動は外的表現、心理は内的表現、言葉はその両面を備えた表現です。現実世界と同様に物語世界の登場人物が〝生きる存在〟であるには、つねに三位一体の表現によって、性格や主義主張、行動原理や思想を伝えることが必要なのです。

さまざまな性格と人物表現で唯一無二のオリジナリティ作品に

本書の構成内容と活用法について説明します。

PART.1の冒頭ではまず、「そもそもキャラクターとは何なのか？」という基礎知識の解説にはじまり、キャラ着想の基本原則、書き手としてのキャラクターとの向き合い方、着想とひらめきのコツといった、絶対に外せない必須要素を網羅しています。

キャラクター造形にはプロだけが知っている、いくつかの絶対法則が存在します。本書ではそうした秘技を余すところなく随所に盛り込んでいます。たとえば、『主人公の体験＝読者の体験』や『ゼロからのセオリー』といった、ヒット作に必ず導入される王道テクニックです。これらに加えて、読者の期待をいい意味で裏切る仕かけやフラグを有効活用すれば、キャラクターの魅力が倍増します。

PART.1の中盤ではそういった実践的ノウハウを、技巧の具体例や活用事例を挙げながら紹介しています。

一方で、**忘れてはならない書き手の意識として、読者目線があります**。PART.1後半からは、キャラクターをつくり込むうえでのコツとタブーについて触れつつ、一歩踏み込んだプロの技を紹介。さらには人物像を深掘りするさまざまな描写手法、登場人物をより個性的に生き生きと描くための3要素、ストーリーとテーマの関係性、配役構図のルールについて詳しく説明します。

そして本書の主題である、キャラクター造形をマスターするためのポジティブ／ネガティブ属性について触れ、豊富な語彙力の習得による性格描写と人物表現の重要ポイントを紹介していきます。

PART.2では、キャラクターに付与するポジティブ／ネガティブ属性について多角的な視点で解説。各登場人物の性格分け、独自の勝ちパターンの見つけ方、切り口別のタイプ分類、定番フォーマットの活用など、キャラクターの方向性を発見するヒントを満載しています。

また、善悪の主役級登場人物とポジティブ／ネガティブ属性の二律背反する関係図について解説し、キャラクターへの性格づけがもたらす重要性にも言及します。

PART.3からはいよいよ本題に突入し、キャラクターの性格を属性別にずらりとピックアップ。特に物語創作において汎用性の高い、必要不可欠な語彙を集約しました。

便宜上、PART.3はポジティブ属性、PART.4はネガティブ属性としていますが、前述の通り両属性は二律背反する関係にあり、その正と負は一概に割り切れません。逆に、**語彙の持つ深淵なる意味と特殊性が共存するからこそ、使い方次第で多様な性格を登場人物に付与でき、唯一無二のオリジナリティある物語創作が可能なのです。**

キャラクター創作必携の本書を通じて、書き手としての語彙力フィールドがさらに広く深くなれば、登場人物の「キャラ立ち」の強化は、もはや約束されたも同然でしょう。

本書の見方

PART.1 / PART.2

キャラクターづくりに関する基礎知識やテクニックを解説しています。さらに、テーマと合わせて押さえておきたい関連事項もイラストやピクトグラムを使ってわかりやすくまとめています。「キャラ立ち」した登場人物をつくるポイントを押さえましょう。

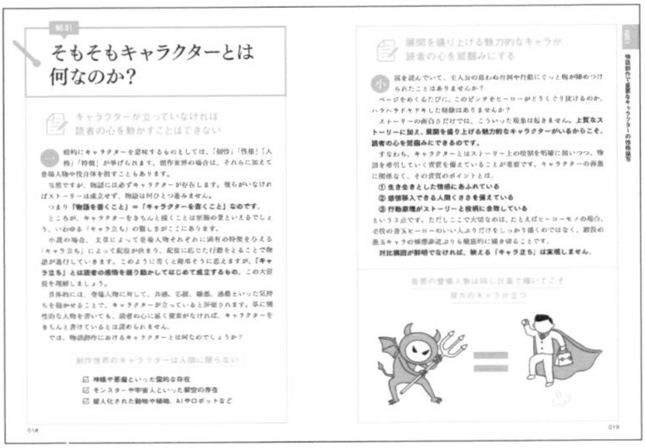

PART.3 / PART.4

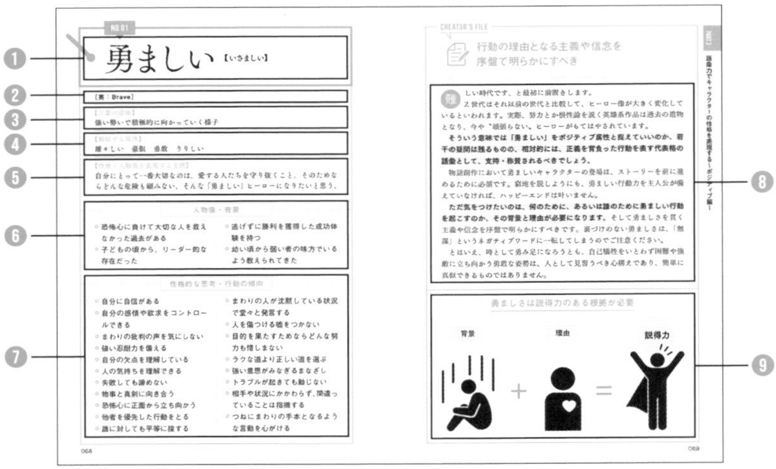

❶ 紹介するテーマと読み仮名を記しています。
❷ 取り上げるテーマの英語表記です。
❸ 意味や内容を解説しています。
❹ テーマと類似する性格の属性を記しています。
❺ 紹介するテーマの属性を持つキャラクターの一例です。
❻ 紹介する属性をキャラクターが獲得するまでの過去の経験や、生まれながらの性格を「人物像・背景」として挙げています。
❼ 紹介する属性を持つキャラクターが持つ、思考や行動の傾向を「性格的な思考・行動の傾向」として挙げています。
❽ 著者による、物語にキャラクター属性を取り入れる際のコツの解説です。
❾ 紹介したキャラクター属性に関連することをイラストやピクトグラムを使ってわかりやすく解説しています。

目次

PART.2 性格をタイプ分けする

PART.3 語彙力でキャラクターの性格を表現する ～ポジティブ編～

PART.4 語彙力でキャラクターの性格を表現する ～ネガティブ編～

PART. 1

物語創作で重要な キャラクターの性格描写

PART.1

面白い物語にするにはキャラクターづくりが肝心

物語にはキャラクターが欠かせません。読者はキャラクターの行動が引き起こすさまざまな出来事を体験し、ストーリーを読み進めていきます。とはいえ書き手によっては、キャラクターを後回しにし、ストーリーを重視するという人もいるかもしれません。たしかに目まぐるしく状況が変わったり、ラストに大どんでん返しが待ち受けていたりするストーリーは読み応えがあります。

しかし、**その物語をはじめて読む読者からすると、どれだけ構成が素晴らしくても登場人物に共感できないと読み進めるのは難しいもの**。むしろ、ストーリーが普遍的であったとしても、キャラクターを魅力的に描いていれば自然と作品に没入できます。

キャラクターが大切なのは小説に限ったことではありません。たとえば映画祭では、主演男優賞や助演女優賞などの賞が必ずあります。これは作品としての完成度だけでなく、キャラクター自身も評価の対象となっていることの表れです。

読者を惹きつける魅力的なキャラクターをつくるために重要なのが、「キャラ立ち」です。これはキャラクターがまるで生きていて、自らの意志で行動しているかのような状態を指します。しかし、はじめからそんな出来のいいキャラクターづくりをするのは至難の業です。

そこでPART.1では、キャラクターづくりの基礎を解説しています。はじめての人でも、本章を参考にすればキャラクターのつくり方を理解することができるでしょう。

NO.01

そもそもキャラクターとは何なのか？

キャラクターが立っていなければ読者の心を動かすことはできない

一般的にキャラクターを意味するものとしては、「個性」「性格」「人格」「特徴」が挙げられます。創作世界の場合は、それらに加えて登場人物や役自体を指すこともあります。

当然ですが、物語には必ずキャラクターが存在します。彼らがいなければストーリーは成立せず、物語は何ひとつ進みません。

つまり**「物語を書くこと」＝「キャラクターを書くこと」なのです**。

ところが、キャラクターをきちんと描くことは至難の業といえるでしょう。いわゆる「キャラ立ち」の難しさがここにあります。

小説の場合、文章によって登場人物それぞれに固有の特徴を与える「キャラ立ち」によって配役が決まり、配役に応じた行動をとることで物語が進行していきます。このように書くと簡単そうに思えますが、**「キャラ立ち」とは読者の感情を揺り動かしてはじめて成立するもの**。この大前提を理解しましょう。

具体的には、登場人物に対して、共感、応援、嫌悪、感動といった気持ちを抱かせることで、キャラクターが立っていると評価されます。単に個性的な人物を書いても、読者の心に届く要素がなければ、キャラクターをきちんと書けているとは認められません。

では、物語創作におけるキャラクターとは何なのでしょうか？

創作世界のキャラクターは人間に限らない

- 神様や悪魔といった霊的な存在
- モンスターや宇宙人といった架空の存在
- 擬人化された動物や植物、AIやロボットなど

展開を盛り上げる魅力的なキャラが読者の心を鷲掴みにする

小説を読んでいて、主人公の思わぬ台詞や行動にぐっと胸が締めつけられたことはありませんか？

ページをめくるたびに、このピンチをヒーローがどうくぐり抜けるのか、ハラハラドキドキした経験はありませんか？

ストーリーの面白さだけでは、こういった現象は起きません。**上質なストーリーに加え、展開を盛り上げる魅力的なキャラクターがいるからこそ、読者の心を鷲掴みにできるのです。**

すなわち、キャラクターとはストーリー上の役割を明確に担いつつ、物語を牽引していく資質を備えていることが重要です。

キャラクターの善悪に関係なく、その資質のポイントとは、

① 生き生きとした情感にあふれている

② 感情移入できる人間くささを備えている

③ 行動原理がストーリーと役柄に合致している

という３点です。ただしここで大切なのは、たとえばヒーローモノの場合、主役の善玉ヒーローのいい人ぶりだけをしっかり描くのではなく、敵役の悪玉キャラの極悪非道ぶりも徹底的に描き切ることです。

対比構図が鮮明でなければ、映える「キャラ立ち」は実現しません。

善悪の登場人物は同じ比重で描いてこそ双方のキャラが立つ

NO.02

キャラクターはどうつくるの？

本性を突き詰めることがキャラクター着想の基軸となる

本性という言葉があります。これは、その人が本来持つ思考や主義、理念、感覚、行動を含めた概念です。

もっと簡単に解説するなら、「本当の性・本質の姿」ともいえるでしょう。

人間は十人十色、誰もが異なる本性を内に秘めています。

こんな言葉を聞いたことがありませんか？

〝窮地のときにはその人の本性が露わになる〟〝あいつはいつも仮面を被って絶対に本性を見せない〟〝ついに化けの皮が剥がれて本性を現したな〟などなど。

物語のキャラクターをつくる際はまず、その人間の本性を突き詰めることが重要です。これがキャラクター着想の基軸となります。

たとえば「目的完遂のためならどんな犠牲や損失もいとわない」と、ある人物の本性を設定したとして、そこにどんな属性を付与しますか？

冷徹、頑固、努力家、執念深い、勇猛――ひとつの本性に対して多種多様な性格や傾向を肉づけできるでしょう。

一方で登場人物を生み出す際は、各々に役柄を与える必要があります。**役柄は登場人物の本性とリンクすることで行動原理が定まり、物語の展開上、有効に機能します**。そのうえで読者に好かれる側か嫌われる側か、という特性を区分けすれば、キャラクター像が見えてきます。

本性を描くうえでの重要点

- 物語の冒頭からキャラクターの本性を明らかにしない
- 本性を隠す上辺の性格で巧みにミスリードする
- 人間性は矛盾を孕むため本性には二面性がある場合も

思いつきやひらめきだけで安易に着手、完結すべきではない

続いて、キャラクター像が見えてきた段階で、次の4項目をクリアしているかを確認してください。

① ほかのキャラクターと本性や性格などが被ってないか？
② 個々のキャラクターの違いを印象づける特徴があるか？
③ 与えた役柄にマッチする人物像になっているか？
④ 物語自体を魅力的に演出する存在として最後まで描けそうか？

これら4項目は作家目線ではなく、あくまで**読者側から見て作品評価を大きく左右する大切なポイント**です。いわば、キャラクターをつくる過程において絶対に外せない基本原則。読者に愛される物語にするためにも必ず覚えておきましょう。

ここまで読めばおわかりかと思いますが、キャラクターを組み立てる創作作業は、単なる思いつきやひらめきだけで安易に着手、完結すべきではありません。徹頭徹尾、読者が感情移入できる人物として描けているかに加え、物語を面白く魅力的に彩る存在として設定されているかという点も、つねに考えながら取り組みましょう。

どっちに転ぶかわからないキャラ設定を読者は喜ぶ

NO.03

キャラクターを自分に憑依させれば創作は進む

俯瞰視点では見落としていた気づきがアイデアに

主人公のキャラクター像がひらめき、着想もどんどん膨らんで、物語を書き進めていったとします。もちろん、ストーリーの起承転結はしっかりとプロット化され、すべての登場人物のリストも完成している状態です。ところが、そこまでお膳立てが整っている状態にもかかわらず、物語がなかなか動いていかない。そういうことはプロ作家であってもしばしば起こります。

そんなとき、書く側としての俯瞰視点をいったん外す、という方法があります。具体的には、**自分をキャラクターの立場に置き換えてみる**のです。

たとえば、奥手な男子高校生である主人公が、密かに想いを寄せる子に、下校途中の駅のホームでばったり会ったとします。そのときの第一声や、態度や心境の描写に行き詰まっているとすれば、あなた自身が17歳の男子高校生になったつもりで、想像力を駆使してみましょう。

当然、誰しも17歳の青春時代がありました。高校生ともなれば恋をしてもおかしくありません。当時の思い出なり記憶なり、淡い気持ちが今も少なからず残っているはずです。そういった**過去の体験をフル稼働させて自身をキャラクターに憑依させると、俯瞰視点では見落としていた気づきがアイデアとなり、意外なほど筆が進む場合があります。**

視点の移動は、創作活動においてしばしば有効となるのです。

視点の移動にはいくつかの方法がある

- ☑ 登場人物の主人公になりきって言動を追究する
- ☑ もっとも読んでほしい読者層の目線で推敲（すいこう）する
- ☑ 重箱の隅をつつく編集者の気持ちで粗を探す

時として演者となり ストーリーに没入する必要に迫られる

作品を仕上げてヒットさせるには、優れたマーケティングや洞察力、卓越したプロットや文章力（もちろん語彙力も）といった、多様なメソッドとスキルが求められます。しかし物語創作とは、すべてが計算づくのロジックで構成されているわけではありません。

読者の心を掴んで感情を揺さぶるには、技術や理論にプラスαの〝何か〟が求められます。書き手自身の瑞々しい感性と思いを込めた文章を綴ってこそ、大いなる感動を呼び起こせる場合もあるのです。

そのためには**書き手が演じる側として、物語の登場人物になりきり、心情や言動をシンクロさせなければなりません。**そうして生まれた臨場感あふれる文章なりドラマティックな展開は、読み手の心をダイレクトに震わせます。

私の執筆経験からも断言できますが、物語創作に関わるあらゆる作家は、時として演者となり、ストーリーに没入する必要に迫られます。

往々にして人気作家はその術に長けており、要所要所で深い〝妙味〟を演出し、誰もが面白いと舌を巻く感動作を世に送り出します。

ただし物語に入り込みすぎると、書き手自身の熱い感情や主張ばかりが滲(にじ)み出て、読者の心を引き離してしまうため注意しましょう。

作家は執筆しながら 物語世界へ空想旅行に出かけている

NO.04

まずは知っている人をキャラクターに投影する

イメージだけの描写よりもこと細かに、想像だにしなかった気づきを得られる

夢は、過去に体験したさまざまな断片が組み合わさって構成されるといわれます。また、自らの知識や知見は、必ず現実での経験を伴ったうえで、頭のなかにインプットされるそうです。

つまり、**実際にあなたが見聞きしたり経験したりしたことは、何ものにも代え難いリアルな情報として、自身のなかにデータ保存されている**ことになります。

キャラクター像をより具体的に設定したり、色濃く特徴づけたりする際も、この理論を活用することで作業がはかどる場合があります。

方法はいたって簡単です。職場でも学校でも、あなたのまわりにいる人をじっくり観察してみましょう。

人間関係とは不思議なもので、全員が全員、団体行動しながらも、オリジナルのポジションを築きつつ、豊かな個性を知らず知らずのうちにアピールしています。しかも、外見や性格はまさに千差万別。**対象を実際に目の当たりにして取材すれば、イメージだけの描写よりもこと細かに、しかも想像だにしなかった気づきを得られます。**

しかし、ただ観察するだけでは意味を成しません。

その人がどのキャラクターの役割を担うか、物語上の配役をあらかじめ想定したうえで、印象的な言動なり性格の傾向をメモすることが大切です。

キャラクターを観察するときのポイント

- ☑ 喜怒哀楽の際の顕著な言動を注意深く洞察しよう
- ☑ ファッションやヘアスタイルの傾向に着目しよう
- ☑ 機嫌がいいときと悪いときのギャップに注視しよう

大別される4つのキャラの典型的行動に着目してみよう

物語におけるキャラクターの役割にはテンプレートがあります。

もっともポピュラーな配役は、「主人公」「敵」「仲間」「協力者(あるいは応援者)」という4つに大別されます。まわりの人を観察する際は、誰がどの役になるかをまず選定します。多くの場合、職場でも学校でも4つの配役を担うキャラクターがきちんと存在し、本人は知ってか知らずか、日々役柄に準じた行動をとっているものです。

そして**重要なのが、個々の対人行動の癖を見極めること**。

人というのは他人に対して、攻撃行動、追従行動、援助行動など、いくつかのパターンに沿った能動的アクションをとります。それら行動の種別を意識しながら観察し、特徴的な動きや言葉遣い、怒り方や笑い方、口癖、長所や短所といった一挙手一投足を捉えましょう。

たとえば「敵」キャラの課長であれば、怒ったときどんな威圧的態度をとるか、失敗した部下への対応はどうか、機嫌が悪いときの顕著な癖は何か、というふうに、「敵」キャラならではの典型的行動に着目してみてください。ただし、**実際に物語に落とし込む段には、創意工夫が必要です。**ありのままに書いても面白味に欠けます。各キャラクターの特徴には少し極端なくらいのアレンジを施すと面白味が増します。

あらゆる人を客観的に観察することが作家の大切な仕事だといわれている

NO.05

王道キャラクターを書くための２大ポイント

『主人公の体験＝読者の体験』という展開が面白い作品の鍵

ここでは王道キャラクター、すなわち物語の主人公を魅力的にアピールできる、２つの基礎的な描写術について解説します。

ひとつは**『SAVE THE CATの法則』を有効活用すること**。

ハリウッドの著名脚本家であるブレイク・スナイダーが提唱した代表的なメソッドで、現在でも映画はもちろん、多くの創作作品に使われています。文字通りこれは、ピンチに陥った猫を危機一髪のところで救うエピソードを序盤に入れよ、という法則です。

主人公が自らの危険を顧みずに１匹の猫を救えば、観客はその慈悲深くも勇敢なキャラクターに好意を寄せ、即座に感情移入のスイッチをオンにできるといわれています。とりわけ、アクション、ヒーロー、刑事・警察モノの物語に威力を発揮し、導入部で読者を味方にするキャラクター造形を実現します。

本書冒頭でも触れた「キャラ立ち」を成功させるには、まず読者が確実に感情移入できるショッキングな出来事に主人公を巻き込みましょう。そして、その過程から脱出までの苦しみや痛みや歓（よろこ）びや安らぎを、読者が共有できる的確な描写で表現することを心がけてください。

『主人公の体験＝読者の体験』という展開こそが、面白く魅力的な作品の仕上がりを約束します。

『SAVE THE CATの法則』の活用例

- 炎が燃え盛る家屋から泣き叫ぶ赤ちゃんを救出する消防士
- 大時化（おおしけ）の海に落ちた子どもを飛び込んで助けるライフセーバー
- 村に突進する巨大モンスターをワンパンチで倒す勇者

『ゼロからのセオリー』で理想のシンクロラインを描く

もうひとつの王道キャラクターを書く方法は『ゼロからのセオリー』を実践すること。こちらは私自身が提唱するオリジナルの法則です。

私は、物語の起点は「喪失」や「亡失」であるのが暗黙の条件だと考えています。一方で、物語の終点は「獲得」や「克服」であり、これが王道のエンディングを迎えるキーワードだと理解してください。

『ゼロからのセオリー』は、「何もない」あるいは「何かを失った」主人公が、ゼロの状態からの脱却を図るべくもがきながら、さまざまな苦難や苦境を乗り越え、最後には「大切な何か」を手にする過程を書くことを指します。

これは『SAVE THE CAT の法則』と同様に、読者の感情起伏に寄り添いながら共感を誘い、結末へ向かうにつれ、『主人公の体験＝読者の体験』となるようストーリーを展開させる王道パターンのひとつです。

ここで**重要なのは、物語の起点と終点を見比べた際、キャラクター自身が大きな成長を遂げていること**です。つまり『ゼロ』とは主人公の置かれた状況だけでなく、心身状態をも表しています。

そしてキャラクターの成長度合いとストーリーの盛り上がりがゼロから1、1から50、50から100というように後半に向けてどんどん昇華することで、理想のシンクロラインを描きます。

双方が右肩上がりにならないと王道は成立しない

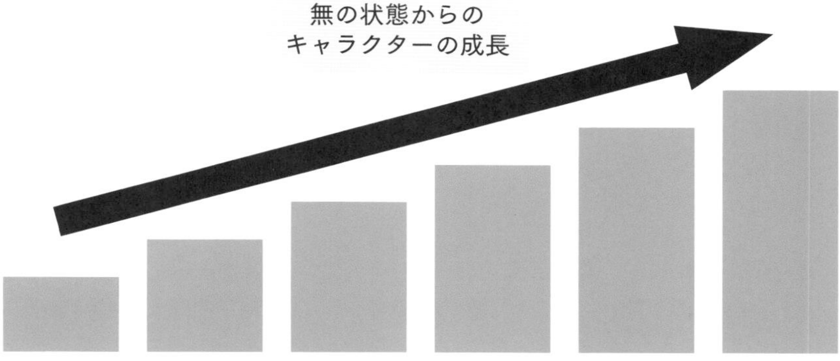

NO.06

キャラクターを どんな職業にするかも重要

人柄を深く描かなくとも 人物像をイメージさせることができる

人は無意識のうちに、属性によるイメージ判断を行っています。

例を挙げるなら、毎晩大酒を飲む人と、まったく酒を飲まない人では、その人に抱く印象が大きく異なるでしょう。ドイツ製高級スポーツカーに乗っている人と、国産軽トラックに乗っている人でも、印象はまったく変わってきます。

どちらがいい悪いという問題ではなく、**本人の人柄を深く知らなくとも、属性の一面だけで〝何となくこういう人なんだな〟という判断をするのが世のつね**です。

見方を変えるなら、このようなイメージ判断を物語創作でうまく活用することができます。そこで注目すべきが、職業です。登場人物に職業を与えることによって、どんな人なのか多く語らずとも、人物像を読者に伝えられます。

もし、あなたが中世ヨーロッパを舞台にしたファンタジー作品を書くなら、封建制度に基づく、聖職者／貴族・騎士／農民・商人・職人という身分と職業を登場人物に授ければ、おのずと人物像を浮き彫りにできます。

では仮に、数千もの農民を支配する大領主の高位聖職者を描けば、どんな人物をイメージしますか？

おそらくは、神の名をかたった強欲な悪人だと思うはずです。

昭和には裏稼業を描いた名作が目白押し

- 『野獣死すべし』大藪春彦 著：東大卒のエリートが一級の犯罪者
- 『キャッツ♡アイ』北条司 著：喫茶店を営む美人三姉妹が女怪盗集団
- 『必殺仕置人』など必殺シリーズ：下級同心が一流の凄腕殺し屋

裏稼業はキャラクターと物語に妙味を与える好素材

物語創作では、職業を扱ったポピュラーな切り口があります。特にラノベや漫画で数多く見受けられます。

それは、**主人公に裏稼業をさせるという方法**です。

本業として公にする仕事と並行し、隠れて手がける別仕事のことを、裏稼業といいます。一般的には表沙汰にできない性質の、いわば反社会的な仕事を指す場合が多く、現実世界ではネガティブな印象を与えます。

ところが、創作においてはガラリと趣向が変わり、キャラクターと物語に妙味を与える好素材となります。以下に、例を考えてみました。

- **一流商社に勤めながらも、凄腕の殺し屋としての顔を持つ新入社員**
- **普段は親切なバーのマスターだが、特殊詐欺の親玉である中年男**
- **超美人の女子大生でいて、夜な夜な高級宝石ばかりを狙う怪盗**
- **見た目はごく平凡な主婦でも、殺人難事件を見事解決する名探偵**

ご覧のように、裏稼業を持たせるだけでストーリーのフックとなる基本軸をつくることができます。そればかりか**話の展開を前へ前へと進める、重要な動力源の役割も果たします。**

しかも、日常の姿とギャップある裏稼業の別の顔を持たせれば、キャラの二面性を描けるため、人物造形に深い奥行きを持たせられるのです。

裏稼業系物語は昼と夜のギャップが命

昼：OL　　夜：ヒットマン

NO.07

読者が魅力的に感じるキャラクターとは？

性格描写を序盤でクリアし行動原理の裏づけを

いったい読者がキャラクター造形のいかなる点を注視し、どういったことに拒否反応を示したり、深く共感したりするかを、書き手はつね日頃から意識する必要があります。すなわち、**読者目線での判断基準を理解し、執筆時に反映させなければなりません**。

私自身、出版社主催の新人賞に応募しはじめた当初、読者目線という観点をまるで無視していたため、一次選考すら通りませんでした。独りよがりの文章を書いて自分に浸り、自信満々の作品が落選しては絶望する、という負のスパイラルに陥っていたと記憶しています。

余談はさておき、キャラクター造形についてですが、まず読者にきちんと届く性格描写を序盤でクリアしましょう。読者を納得させるための背景づくりです。

基本的には、キャラクターの気性、性格的傾向、価値観、コンプレックス、トラウマ、そして信条や主義を明らかにします。**それらをしっかりと読者に伝えられれば、キャラクターの行動原理を裏づけることができます**。

逆に描き切れていないと、「えー！　この場面で主人公があんなことするわけないでしょ」と、読者が疑念と反感を抱き、瞬く間に作品から心を離してしまいます。これは書き手にとって悲劇的状況のひとつです。

同時に、新人賞の一次選考で落とされてしまう一因でもあります。

絶対にNGなキャラクターの描き方

- ☑ 言葉と行動に矛盾があり、現実にはあり得ない事態を招く
- ☑ 終盤になって、辻褄（つじつま）合わせのため強引にキャラ変する
- ☑ 裏表がなさすぎる単調なキャラクターで終始してしまう

現実的にあり得るか、あり得ないかを査定しながら読み進める

ミステリーであれ、バトルアクションであれ、ファンタジーであれ、物語は基本的にフィクションです。読者も重々わかっています。

ところがいざ物語を読みはじめると、読者の意識は一転、ストーリーをリアルな事象として捉え、「これは現実的にあり得るか、あり得ないか」と、査定しながら読み進めます。たとえモンスターと魔女が登場するハイファンタジーの世界観でも、キャラクターの行動や心理、台詞が現実の道理に適っているかを精査するでしょう。

このとき、**読者がもっとも嫌うのは嘘くささ**です。前述の通り、現実では「あり得ない」展開が起きてしまうと、そこでジ・エンドとなります。

一方で、**嘘くささは絶対NGでも、意外性ならウエルカム**です。

いえ、むしろ意外性と驚愕に満ちた大どんでん返しが後半で起きなければ、それもまた「あり得ない」物語としてNGの烙印を押されてしまいます。読者目線は非常に複雑ですが、この法則をよく理解しておきましょう。

さらにいうなら、大どんでん返しのあとには「胸スカ」を用意し、王道のハッピーエンドを叶える必要があります。そうすれば読者の大半は満足します。魅力的なキャラクター、面白い物語とは、こうした数々のハードルをクリアしたうえで、読者の共感と感動を呼び起こすものです。

難解な読者目線と心理を理解して作品に挑もう

NO.08

キャラクターに一貫性を持たせるべき理由

楽しみながら安心して読み進めてもらえる効果を発揮

キャラクター着想の基軸となる本性について、P.20～21で解説しました。ここではさらに一歩踏み込んで、キャラクターを描く際に大切な一貫性に触れておきます。

空想上のキャラクターであっても、最初に定義した性格や性質が途中でころころ変わってしまえば、読者の頭のなかは〝？〟だらけになり、やがて読書を放棄してしまいます。この周知の前提を、まずはよく理解しておきましょう。

よって、**物語の登場人物に設定した本性はブレてはいけません。**

こう書いてしまうと「前頁にあった意外性と驚愕に満ちた大どんでん返しなんて無理でしょ」とか「人物像を決めつけてしまえば先が読めてつまらなくなる」という声が聞こえてきそうですが、覚えておいてください。

キャラクターに一貫性を持たせれば、読者は登場人物の言動に対して「そうだな。この場面ならそういう行動をすると思った」と共感し、話の流れに納得します。特に序盤から中盤にかけて、**期待を裏切らない展開で書き手と読者が信頼関係を築くことは、楽しみながら安心して読み進めてもらえる効果を発揮する**のです。

そういう意味で、一貫性はキャラクターのあらゆる動きを担保して親しみを抱かせ、読者を惹きつける役割を担います。

一貫性をアピールするコツとは？

- 読者がイメージしやすい専門的職業に就かせる
- 「あるある」感を抱かせやすいキャラ像で組み立てる
- 言動の一部に素の性格が垣間見える設定にする

別側面での多面性を引き出せば大どんでん返しが可能に

さて、ここからが一貫性の本題となります。一貫性とは、最初から最後までブレることなく芯が通っている状態を指します。

ではたとえば、圧倒的な知識とセンスで世界的に活躍する40代男性の執刀医が物語に登場するとします。一貫性を意識して、このキャラクターに当てはまる属性を想像してみてください。

執刀医であれば医学のプロとして、一般の人より高い向学心を備えているでしょう。カルテを書くため英語やドイツ語に長けているとも考えられます。世界的に著名な一流執刀医なら海外渡航経験も豊富なはず。職業柄、人体構造に精通し、麻酔や薬にも詳しいでしょう。

と、ここまでは一貫性のある真実ばかりです。ところが、執刀医の性格や性癖に関する「本性」は語られていません。**それらは一貫すべき情報から外れた、別側面として制約なく描くことができます**。ここが重要です。

つまり、**一貫性と多面性は違う**ということです。読者には一貫性あるキャラクター像を抱かせて物語を書き進めつつも、本性でキャラクターの多面性を引き出せば、意外性と驚愕に満ちた大どんでん返しが可能です。

この執刀医の場合、正体が世界を股にかけるサイコパスなシリアルキラーでも、一貫性が保たれていることになりますね。

一貫性を利用すれば さまざまなキャラクター造形が可能になる

NO.09

人物像にあえて矛盾をつくるには

別人物のエピソードのなかで知られざる一面に触れていく

前頁の流れを受け、一貫性と多面性に関連した、キャラクターの魅力を引き出す矛盾の書き方についてお話しします。

そもそもキャラクターとは物語世界に生きており、時として矛盾を孕んだ行動が許されるものです。現実世界の人でも、普段のイメージを覆す突飛な行動に出たり、おかしなことをいったりするのと同じです。

ただし、**読者に疑問や裏切られた感を抱かせないためには、書き手としての配慮が必要となります**。一貫性の定義を作者都合で著しく損なってしまえば、読者との信頼関係は築けません。

それらを踏まえたうえで、キャラクターの魅力を引き出す矛盾をつくるには、ほかの登場人物のサイドストーリーを使う方法があります。つまり、**主人公以外の別人物のエピソードを展開するなかで、そのキャラクターの知られざる一面に触れていくのです**。

たとえば前科者で怠惰な男が、陰では教会に集う遺児のため懸命に奉仕活動をしていたとします。本来の人物像と相反する善行ですが、その理由が激しい戦火によって家族が犠牲になったことだと、彼の妻のサイドストーリーで描けば、矛盾する行動に説得力が生まれます。

それればかりか、キャラクターの奥底に隠された人間味が魅力的に浮かび上がり、物語全体に深みをもたらします。

魅力的なキャラクターの矛盾 BEST3

1. 極悪人が改心して自らの命と引き換えに世界を救う
2. ドケチな大富豪が全財産を投げ打って人助けする
3. 凡人が才能に覚醒して強者や悪者を凌駕する

悪人キャラが過去には善人キャラだったという経緯を「背景」として描く

キャラクターに矛盾する側面を加えながらも説得力を持たせるには、「背景」を使うという方法もあります。

これは現在進行形のストーリーを途中で一時停止し、過去に遡ってそのキャラクターの半生なり一定期間を語る手法です。その昔いったい何が起きて、今のような矛盾を孕むキャラクターになったのかという、きっかけや原因を詳しく掘り下げられます。

よく使われるのは、ミステリーやサスペンス系の物語です。

かつての事件や事故による心的外傷(トラウマ)を明らかにすることで、犯罪者や異常者という別の顔を持つことに至ったキャラクターの謎に迫ります。そこから目的や狙いをひもといて、現在の事件を解決するという伏線的パターンは、もはや定石といえるでしょう。

この逆張りで、**悪人キャラがじつは善人キャラだったという過去の経緯を「背景」として描けば、意外な展開で物語を盛り上げられます。**

一貫性を維持しつつ、本来の人物像とは正反対の性格なり性質を授ければ、面白いほど存在感を増し、衝撃的なエンディングに寄与するキャラクターとなり得ます。いい意味で読者を裏切る矛盾は、ひと手間かかるだけに、うまく機能すればその効果は計り知れません。

「背景」は長編小説でも3回の挿入にとどめたい

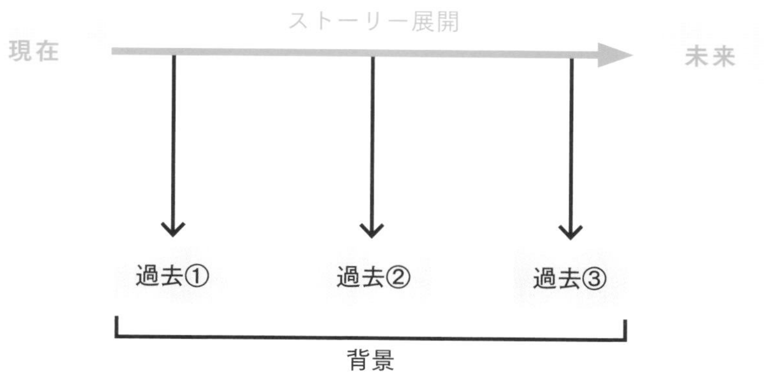

NO.10

キャラクターのディテールを詰めていく大切な3要素

「感情」「動き」「価値観」は作品のグレードと評価を高める

物語上の登場人物をより個性的に、生き生きと人間らしく描くには、「感情」「動き」「価値観」の３要素を意識的に盛り込みましょう。キャラクターを魅力的に表現できれば、作品自体のグレードや評価をぐっと高めることができます。では、「感情」から解説します。

どんなキャラクターであっても、主体となる場面ではそのときの気持ちを表す描写をつけ加えてみてください。仮にヒロインのＡさんが寝坊して朝の通勤電車を１本逃したとします。そのとき、焦るのか、落ち込むのか、諦めるのか、失笑してしまうのか――心情がわかる描写を１行添えるだけで人間性が色濃く出ます。人間性を描けば、おのずと読者はキャラクターの喜怒哀楽に気持ちを同調させ、感情移入するようになるでしょう。これに成功すれば、クライマックスで主人公がゴールに到達した瞬間、読者も同様に満足感や達成感を味わえます。

この感情移入が「面白い作品」としての評価を高めるのです。

次に「動き」は、態度、あるいは言動を指します。何か出来事が起こったとして、それに対する反応は人それぞれです。**態度を描けばその人の着眼点や人生観が露わになるため、その人ならではの個性を表現することができます。**たとえば、友人ＡとＢがカフェで注文しようとメニューを見ている場面。Ａは「これが一番おいしそう」とメニューにある写真を指さします。一方Ｂは「これがセットでお得だし、ドリンクもサラダもついていていいかも」と金額やセット内容を見て注文を決めます。この時点で、ふたりの注文決めに対する態度の違いがわかります。Ａはおいしそうかどうかを重視し、Ｂは金額を重視しているのです。

こういった態度によって人物の個性を描き分けると、そのキャラクターらしさが出て、何気ない場面にも面白さが加わります。

最後に「価値観」とは、考え、主義、信念、信条です。キャラクターの本性と密接に関係する、人格形成のコア部分となります。そのうえ、主役級キャラクターの価値観はストーリー自体のメッセージやテーマとも深く関わります。

たとえば、40代後半のベテラン敏腕刑事が主人公として登場する刑事モノの物語があるとします。若手刑事のバディであり、頼りになるタフな先輩です。しかし彼は拳銃が撃てません。駆け出しの頃、誤って一般人を射殺した上司を目の当たりにしたからです。その過失事件のせいで信頼する上司は警察を辞め、落ちぶれたあげく自殺してしまいます。その後、主人公は銃の必要性を自らに問ううちに、絶対に撃たないと心に決めます。ところが後輩の若手刑事が現場で銃撃されて窮地に陥り、彼を救うため、主義に反して発砲。後輩は一命を取り留め、事件も解決に向かいます。

この物語のテーマは「喪失と獲得」であり、主人公の「銃を撃たない」という価値観のもと、ストーリーが進行していきます。**このように価値観は、物語の核心を構成する要素として、重要な役割を担います**。同時に、感動や感銘をいざなう要素でもあるため、創作の際には必ず念頭に置き、主役級キャラクターに独自の価値観を持たせましょう。価値観がしっかり描けているかどうかで、物語のクオリティと評価が格段に変わってきます。そればかりか「この作者は何がいいたかったか？」という答えを暗示する効力もあります。

どんなジャンルの物語でも名作には「価値観」が描かれている

NO.11

キャラクターの心情の変化が読者の感動を呼ぶ

ストーリーとキャラクターはいわば一心同体

プロットをストーリー化して執筆に入る際、書き手は出来事の描写にばかり集中しがちです。先へ先へと展開を進めることに傾倒し、キャラクターの内面に踏み込んだ表現が二の次になります。

これは大きな誤りです。

しばしば私は「ストーリーとキャラクターのどちらが大切ですか？」という質問を受けることがありますが、それに対する答えは決まっています。「その２つはいわば一心同体で、切り離すことができない関係にあり、優劣を比較するものではありません」。

実際「キャラ立ち」は重要ですが、それはストーリーという土台があってはじめて成立するもの。キャラクター単独の心の動きを丹念に描写しても、ストーリーの起伏にシンクロしていなければ意味を成しません。

読者はキャラクターの喜怒哀楽に気持ちを同調させる、と前頁で解説しました。**すなわちストーリーの流れに応じて、キャラクターの心情に動きを持たせれば、読者は共感、応援、嫌悪、歓喜といった感情の振幅を伴って作品世界に没入できます。**ストーリー上である出来事が起きたとき、個々のキャラクターがどのような気持ちになり、心情がどう変化するのかを綿密に空想して執筆することでおのずと人物造形が深まり、同時に読者の感情移入度が高まります。

物語創作において俯瞰すべき確認ポイント

- ☑ ストーリーの流れとキャラクターの心情が一致しているか？
- ☑ 理由やきっかけなくキャラクターが行動していないか？
- ☑ 読者の共感を呼びたいがために無茶な展開に陥ってないか？

「正」と「負」という二極の対比構造が創作における要

ストーリーとキャラクターが一心同体であるように、キャラクターと物語のテーマもまた深く連携し、つながっています。ストーリー、キャラクター、テーマとは、それぞれ独立しているものではなく、3つが密接に関連し合い、同じ方向を向いてこそ物語が成り立ちます。

ここで、重要なポイントがあります。ストーリーは、物事が前向きに進むポジティブ面と、停滞もしくは後退するネガティブ面が交錯し、ラストでポジティブ面が勝つというテンプレートに沿って進行すべきです。**この「正」と「負」という二極の対比構造が創作における要であり、どちらが欠けても物語が成立しません。**

たとえば、悪役不在の世界ならヒーローの必然性がないように、ライバルがいるからこそ恋が盛り上がるように、相反するポジティブとネガティブは、いわば表裏一体の役割を果たします。この関係性を理解してキャラクターの内面を動かし、ストーリーの流れとテーマに同調させれば、ドラマ性の高い作品に仕上がります。

性格をポジティブ／ネガティブに分け、豊富な語彙力の習得によってキャラクターの人物像と心情の表現強化を目指す本書を参考にしていただければ、この「正」と「負」の描き分けがしやすくなるはずです。

物語創作の基本構成は「正 vs 負」

NO.12

キャラクターづくりには多様な考え方がある

登場人物に多様な人格の側面を持たせる

キャラクターの一貫性は重要で、本性に大きなブレがあってはいけないものの、現実世界に生きる人々は表層的にさまざまな顔を使い分けて日常生活を送っています。

たとえばあなたが会社で働いているときと、帰宅して家族と過ごすときとでは、明らかに表情が異なり、言葉遣いや態度まで違うはず。そう考えれば、物語世界における登場人物に多様な人格の側面を持たせることはOKといえます。

ここで、多様な人格造形に使える考え方が「ペルソナ」です。ペルソナは個性、人柄を意味する「パーソナリティ」という言葉の語源であり、演劇で演者が被る仮面を指すラテン語です。〝状況や役割に応じて演じるために使い分けられる仮面〟という意味を持ちます。

つまり、**キャラクターもまた複数のペルソナを持ち、シーンに応じて異なる仮面をまとって別人格を演じ分ければ、役柄に謎めいた存在感を匂わせることが可能になります**。ペルソナをフラグとして用い、ミスリードを誘うミステリー仕立ての展開を仕かけることは今や常套テクニックです。

ただし注意点があります。いくつものペルソナを持とうとも、演じるキャラクターは同一です。**多人格を演じながらも根本に宿る性格や性質、個性を一貫させ、行動原理に確固たる説得力を持たせましょう。**

現実世界の「あるある」なペルソナ

- 上司にはこびへつらいながら、部下には人一倍厳しい
- 初対面の人には愛想よく、友だちや知り合いにそっけない
- 女性には紳士的な態度でも、同性にはモラル欠如の男性

一方で、時代の流れもあってか、キャラクターが社会的ハンディや精神疾患を抱える設定が散見されます。

ひとつはコミュニケーション障害。会話や対人関係が苦手な人を指す俗称として「コミュ障」という言葉が広まり、よく耳にするようになったものの、本来は精神医学的な診断に基づく疾患を表します。

パーソナリティ障害もまた多くの人が見聞きしたことがあるでしょう。大多数の人と違う考え方や行動をすることで苦しむ精神疾患です。思春期から青年期の頃、人間関係を伴う学校生活や社会生活などで問題が生じ、その傾向が明らかになるといわれています。

このほか、トム・クルーズやキアヌ・リーブス、スティーヴン・スピルバーグらが公表して知名度が高まったディスレクシアは、文字の読み書きに著しい困難を抱える学習障害のひとつとして、しばしば物語にも登場します。

社会的ハンディや精神疾患を扱った作品で著名なのは、1988年公開のハリウッド映画『レインマン』でしょう。重度のサヴァン症候群患者の驚異的な速算力や記憶能力を描き、アカデミー賞、ゴールデングローブ賞、ベルリン国際映画祭金熊賞を受賞したヒューマンドラマの名作です。

こうした設定をキャラクターに付与すると、社会的な課題や問題を包括した強いメッセージを訴求できます。しかし、創作に際しては細心の配慮や繊細な表現、綿密な取材と調査が求められます。**書き手の意識や感覚をも問われるため、テーマの選定には慎重を期するべきです。**

人は誰しも 2種類のパーソナリティを備えている

【先天的】
性格／気性

【後天的】
思考／感性

NO.13

ほかの登場人物との関係性が重要

キャラクター vs キャラクターの関係が物語を格段に面白くする

いかに魅力的な人物像を設定しても、主役級キャラクターをひとりぼっちにすると、読者を存分に魅了することができません。

では、どうすればよいでしょうか？

答えはシンプルかつ簡単です。仲間をつくりましょう。いえ、正確には仲間でなくとも、ライバルでもOKです。

ポイントは、主役級キャラクターとあれこれいい合ったり、競い合ったり、時には口喧嘩するような関係性の別キャラクターを身近な存在として置いてあげること。大原則として「ぼっちキャラ」の主人公は共感されません。共感のしどころを読者が見出せないからです。

現実世界然り、人は他者の影響を受けて、葛藤や対立を経験し、変化と成長を遂げるもの。ひとりぼっちだと、物理面でも心理面でも展開の動きが止まってしまうため、単純に面白味に欠けます。つねに複数の登場人物とぶつかり、ピンチに陥り、恋に落ち、はたまた喧嘩別れし、それでも最終的には大団円を迎える、波乱に満ちた展開に物語の醍醐味があることを理解しましょう。さらに、お互いを引き立てるような属性をそれぞれのキャラクターに付与すれば、物語の面白さがアップします。

つまり、**仲間やライバルとのコミットメント（関わり）こそが、魅力的なキャラクターを育む良薬となるのです**。

お互いを引き立てる真逆の関係

- 恋愛未経験のヒーローとツンデレなヒロイン
- タフで武骨な刑事とインテリでスマートな逃亡犯
- スポーツ万能男子と超優等生で虚弱体質の美少女

ハリウッド映画を参考にすれば、端的なパターンが見て取れます。それはバディムービーです。お約束事項として、コンビを組むふたりはまったく対照的な性格やライフスタイルや価値観を持っています。これが重要です。個性にコントラストをつけることで、両者の人格を明確に打ち出すことができます。ストーリーはおおむね次のように進行します。

序盤から中盤にかけて、正反対なふたりの派手な対立と葛藤が描かれます。中盤以降では両者が理解を深め、和解します。そして終盤では、相互理解と協力と助け合いによって、両者共通の目標を達成します。**時にコミカルに、時にシリアスに、くっついたり離れたりする両者の関係性は、キャラクターの個性をくどく説明するでもなく、自然な流れで観客に浸透させることができます。**しかもラストでは事件の解決に伴い、両者は欠落していた〝何か〟を獲得して内面的な成長をも遂げます。これがすがすがしい余韻をもたらし、ハッピーエンド効果をさらに増幅させます。

昨今、この王道バディパターンは恋愛ドラマでも見受けられます。都会育ちと田舎育ち、犬好きと猫好き、のん気と短気——真逆の性格と個性を持つふたりが出会い、さまざまな化学反応を起こしながら七転八倒するうち、共通の問題をクリアして相手を見直します。そしてエンディングでふたりは結ばれます。

もはや王道中の王道といえる設定と展開ですが、いつの世代でも高い人気を誇るテンプレートです。覚えておいて損はありません。

ハリウッド映画の場合
真逆の男女が出会って喧嘩すればそれは大恋愛の予兆

理性的 vs 直感的
無神論者 vs 敬虔（けいけん）なクリスチャン
内向的 vs 外向的
ジャンクフード大好き vs ベジタリアン
海好き vs 山好き
超高学歴 vs 超低学歴
大富豪 vs 一般市民

NO.14

変化ばかりに気を取られると物語が壊れるので注意

物語のテーマを体現する象徴的存在はあくまで主人公

PART.1ではこれまで、物語創作で重要なキャラクターの性格描写の基礎について解説してきました。キャラクターを描くにあたっては、定石といえるいくつかの王道や定番の技法があることがおわかりいただけたかと思います。

その一方、物語を執筆するうえで、基礎的な王道や定番を順守するだけでは、イメージ通りの仕上がりに達する作品を完成させることができません。創作とはゼロから１以上を生み出す、いわば自由奔放なスタイルに則る部分があるからです。すべてのキャラクターを王道や定番通りに描こうとすれば、オリジナルの創作物としての色や味がなくなってしまいます。

創作のポイントは「物語の起点と終点を見比べた際、キャラクター自身が大きな成長を遂げていることです」とP.27で『ゼロからのセオリー』を解説しました。とはいえこの王道キャラクターの描写理論を、すべての登場人物に当てはめようとすれば話が変わってきます。物語のテーマを体現する象徴はあくまで主人公です。そして**ストーリーとシンクロして目標を成就して成長するのは、基本的に主人公と主役級キャラクターのみと理解しましょう**。全キャラクターが同様の成長を遂げようとすれば、展開の収拾がつかなくなり、メッセージ性も薄まります。

ゆえに書き手はキャラクターの役割分担を見極める必要があります。

変化と成長を主役級だけに限定する理由

- ☑ 登場人物全員を好転させるには計算ずくのプロットが必要
- ☑ ストーリーは複雑化せず訴求ポイントを絞ったほうが効果的
- ☑ 敵味方の区別がつかないエンディングは読者に好まれない

多くの物語の場合、配役は「主人公」「敵」「仲間」「協力者（あるいは応援者）」という4つに大別されます。この際、主人公の恋人役は「協力者(あるいは応援者)」と捉えてください。

このうち、**エンディングで主人公とともに成長へとポジティブな変化を遂げるのは、「仲間」でもっとも信頼できるひとりと、あとは恋人役というふたりに絞り込むべきです**。そうすれば物語のテーマがブレることなく、ストレートな共感と迷いのない感動を読者に与えられます。

では、そのほかの登場人物をどのように扱えばよいのか、という疑問を持たれる方もいるでしょう。

答えはじつにシンプルです。物語にはコントラスト、すなわち対比構造が大切です。つまり、**主人公を含む主役級キャラがハッピーエンドを迎えるなら、少なくとも敵役にはバッドエンドを用意すればいいだけです**。悪の限りを尽くしたことへの手痛い代償を明確に描写するほど、勝者である主人公たちが手にできた栄光を鮮明に印象づけられるでしょう。

短編連作の物語を創作する場合、多くの書き手は登場人物全員にハッピーエンドを与えがちです。しかし、このアイデアはあまりおすすめしません。本当に伝えたいテーマを付与できる主役にだけハッピーエンドを用意したほうが、読者の感情移入度は高まります。同時に、バッドエンドを迎えた登場人物たちには、複雑な気持ちが残るでしょう。この余韻こそがメッセージ性に奥行きを与え、作品の評価を高めるひとつの鍵となります。

すべての登場人物がハッピーな物語は
読者にとって面白みに欠ける

COLUMN 1

キャラ着想のメソッドはハリウッド映画を参考に

学校で目立っている同級生をモデルにして、会社の上司の人物像からヒントを得て――キャラ着想のメソッドは人それぞれです。その時々で変わってくる場合もあるでしょう。

たとえば、プロットを考えているときに敵キャラのイメージが浮かんだり、エンディングシーンと主役キャラを同時にひらめいたりと、プロの作家でも時と場合によって異なることがあります。

私に関していうなら、ストーリーありきでキャラクターのバリエーションを考えます。その際、しばしば参考にするのがハリウッド映画の登場人物です。

多くのハリウッド映画は主役と準主役のふたり構成でプロットが動きます。このコンビがどう作用し合い、どんな役割分担で話を展開するのかを観察することがキャラ着想の起点となります。つまり人間関係に重きを置いてキャラクターを色分けし、各人物の個性と特長を仕上げていくのです。

例を挙げてみましょう。もし主役Aが短気な行動派なら、準主役Bは気長な熟考派にします。さらにAがファストフード好きなら、Bは健康オタクのベジタリアンにして、対照的なキャラにします。

この方法だと、登場人物のキャラ像をひとりずつ単体で固めていくよりも明確に差別化でき、キャラ被りしないという利点もあります。さらにこの方式で色分けしたキャラを増やしていけば、ストーリー上の役割を与えやすいうえ、どの組み合わせでもユニークな人間相関図を構築できます。

物語は現実世界と同様、人と人との関わり合いが最重要になるため、このメソッドは重宝します。

PART. 2

性格をタイプ分けする

PART.2

人間の性格はおよそ4500種類ある

性格と聞いて、みなさんはどれくらいの数を思い浮かべることができるでしょうか。「明るい」「暗い」「優しい」「真面目」「大ざっぱ」など、十数個ほどはぱっと考えつくと思います。

アメリカの心理学者であるゴードン・オールポートは、自身の研究で、人の性格を表すことができる言葉をおよそ4500種類見つけ出しました。これを踏まえると、**私たちがぱっと考えつく性格はほんのわずかなもので、世の中にはもっとたくさんの性格が存在していることがわかります。**

創作するうえでキャラクターの性格を考える際、すでに自分が知っている性格からアイデアを出すだけでは、早々に底が尽きてしまうでしょう。創作に行き詰まらないためにも、さまざまな性格について知識を広げていくことが大切です。また、物語内でキャラクター同士の性格が被らないようにするためには、性格をタイプ分けすることも必要になってきます。タイプ分けをするとキャラクターそれぞれの個性が際立ち、読者にとってもキャラクターを認識しやすくなります。

そこでPART.2では、さまざまな性格の決め方やタイプ分けの手法を紹介しています。困ったときは、ぜひとも紹介している方法に頼ってみてください。一から考え出さずとも、すでに存在している要素を利用して、容易にキャラクターをつくり上げることができます。

NO.01

つくりたいキャラクターのタイプを当てはめる

印象に残る個性と傾向を植えつけタイプと役柄をリンクさせる

きちんと登場人物リストを作成して、名前、年齢、性別、顔つき、身体的特徴、服装、髪型、第一印象、能力、特技、弱点といった、個々のキャラクターを設定したとします。もちろんプロットも完成し、それら物語の設計図に沿って執筆を開始しました。

ところがしばらく書き進めてみて、「あれ？」と拍子抜けすることがありませんか？　具体的には、次のような状態が挙げられます。

- **思ったより盛り上がりに欠け、書いていて面白くない**
- **プロット通りなのに話がスラスラ流れすぎて見せ場が消えた**
- **自分で推敲していても感情移入できない**
- **「何が？」と聞かれればわからないけれど、とにかく物足りない**

ストーリー自体に難があることも考えられますが、これらの問題は、キャラクターが魅力的に描かれていない場合にしばしば起こります。タイプ別の差別化が図れておらず、書き手がキャラクターに担わせる役柄の整理がついていないときに発生する初歩的ミスです。

キャラクターの描き分けと人物像の掘り下げが甘ければ、読者を魅了する山場や人間ドラマの描写までも曖昧になってしまいます。

プロット段階で留意すべき冒頭３大お約束

- ☑ 冒頭５ページ以内で主人公の目的を設定する
- ☑ 冒頭10ページ以内で会話シーンを必ず挿入する
- ☑ 冒頭30ページ以内で最初の山場をつくる

キャラクターの描き分けは、個別の役割を明確にし、それぞれの人物を展開に応じて的確に動かすことで決まります。個々の役割がはっきりせず、存在感が希薄になると、読者はその人物の必然性を感じられなくなります。

この問題は、役柄と個性を強調することで回避できます。

ひとつの方法は、極端なほど印象に残る特性を植えつけ、その特性を役柄にリンクさせることです。そして各々のキャラクターを対比させ、犬猿の仲にしたり、縁の下の力持ち役を配置したり、とにかく一目瞭然の人間関係を設定することです。ここで、スパイ系物語を例に挙げましょう。

主役の男性諜報員Aはタフで屈強、銃の腕前は超一流だが、人情家で危険を顧みない。上司Bは冷徹で「氷の女」と揶揄されるほど仕事に厳しい反面、部下の窮地には救いの手を差し伸べる。研究開発員Cは天才的な頭脳を誇り、堅物でビビりな性格なのにAのために極秘で武器を提供して支える。そして宿敵である組織のボスDは卑劣な手でAを苦しませる。

よくある配役パターンですが、この設定の面白さは、敵味方の人間関係が明快なうえ、それぞれのキャラクターがまったく異なるユニークな属性を持つ点です。しかも、個々の役割がほかの登場人物に対してどのように作用するか明白で、物語の展開上、誰もに必然性が生まれます。**このように端的なタイプを設定して属性分けすれば、ストーリーが盛り上がり**、見せ場や人間ドラマを随所で描けます。

主要4者の関係構図で全員が絡み合うように設定しよう

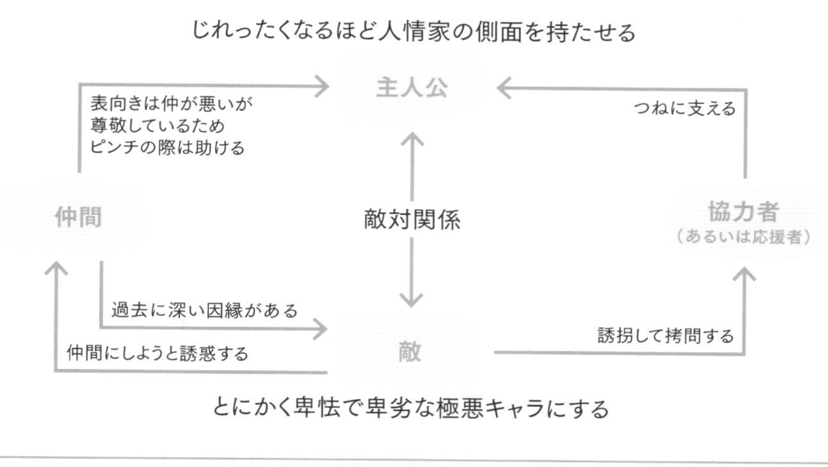

NO.02

キャラクターのタイプはどんな物語にも応用できる

選考を勝ち抜いた作品群すべてに共通項がある

私は、小説家を目指して投稿生活をスタートさせた当初、ミステリー、ファンタジー、恋愛、スポーツと、とにかくさまざまなジャンルの物語を書いては、出版社が主催する新人賞に次々と応募していました。

たしか下積み修業中3年目の後半頃だったと思います。一次選考で落とされ続けた暗黒時代をくぐり抜け、二次選考へと選出される機会が増え、三次、最終選考へとコマを進められるようになった時期です。高レベルの選考まで勝ち抜いた作品群すべてに共通項があると気づきました。**キャラクタータイプを、自分のなかでできつつあったテンプレートに落とし込んだ作品のみ、生き残る確率が高いと判明したのです。**

ざっくりとですが、以下のようなキャラクターパターンでした。

- **主人公：男性（10代後半～20代前半）**
  気弱で喪失感を抱え、誰かとの出会いを通じて目標を見出していく
- **準主役：男性（20代後半～30代前半）**
  圧倒的存在として主人公の前に現れ、厳しくとも成長の機会を与える
- **恋人役：女性（10代後半～20代前半）**
  心に深い傷を抱え、主人公との出会いを通じて〝何か〟を回復する
- **敵役：男女・複数可（20代～40代）**
  過去に主人公か恋人役を陥れ、強烈な力を有して今もなお君臨する

支持されやすいキャラクターのタイプ

- 友情を重んじ、自らの命を投げ打ってでも仲間を助ける
- 私利私欲がなく、富や金より人の気持ちを大切にする
- 逆境に次ぐ逆境で弱りながらも、屈することなく戦う

独自の勝ちパターンを見出せば創作の強みとなる

左頁でご紹介した４人のパターンは、どんなジャンルの物語にも転用でき、さらには外見や性格、特徴、弱点も、おおむね応用可能です。

私の場合、見よう見まねで小説の執筆を開始しながらも、当初は指南書やノウハウ本などいっさい手にすることなく、まさに感覚だけで書きはじめてしまいました（理由は定かではありませんが、先入観や制約なく自由に書いてみたいと思っていたようです）。それでも左記のようなテンプレートに自然の流れでたどり着き、三次選考や最終選考に残るようになった頃、「ああ、このパターンは起承転結がしっくりくるな」という確信めいた感覚がありました。それればかりか『SAVE THE CAT の法則』や、３幕構成のプロットポイントも、無意識のうちに取り入れていたのです。

何がいいたいかというと、**自分のなかでしっくりくる得意のキャラクタータイプを編み出し、それらに物語構成の基本をリンクさせていけば、おのずと作品の完成度が向上していくということ**です。高確率で選考に残る独自の勝ちパターンを見出せば、それが創作の強みとなり、デビューへの門に近づけるでしょう。ぜひ会得に向け、意識してみてください。

ただし、この方法は〝どんなジャンルの物語にも転用できる〟パターンでなければ難しいと感じました。その点にご留意いただければと思います。

キャラクター造形を深めて創作の引き出しを増やす必須要素

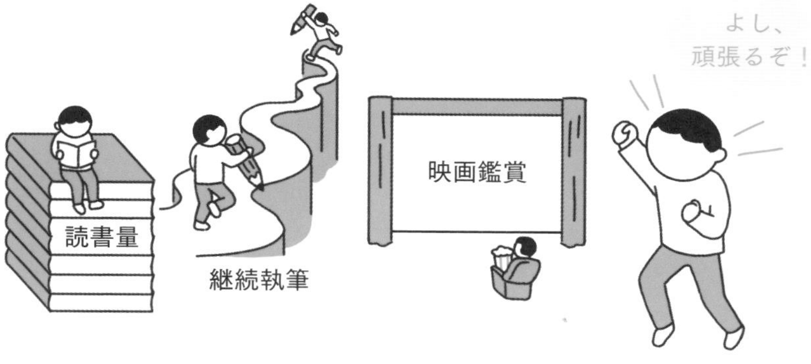

NO.03

血液型性格診断はキャラクター創作にも使える

周知の属性にキャラクター造形を委ねてしまうのもあり

物語の世界観によっては、キャラクタータイプを独自の切り口で属性分けするのも一法です。

たとえば、血液型。血液型による性格診断と恋愛傾向の分析は、巷にあふれています。これまでに誰もが一度は自身の血液型に基づいた本来の性格や、恋愛気質の特徴について見聞きしたはずです。

あくまで例ではありますが、一般では以下のようにタイプ分けできます。

- **A型：仕事も恋愛も慎重かつ優柔不断。場の空気を読みながらも、所属する社会のルールやマナーを頑なに厳守する傾向がある**
- **B型：自分が好きなことに没入する凝り性である反面、熱しやすく冷めやすい。負けず嫌いでプライドの高い人が多い**
- **O型：冷静沈着で場の空気や感情に流されない。頑固者が多く、たとえ相手が恋人でも自分の主義主張を譲らない一面を持つ**
- **AB型：気分屋だと誤解されやすいが、じつは感受性が豊かで、芸術家肌の人が多い。一方、何事も客観視するバランス能力に優れる**

このように**周知の属性が明らかになっているなら、キャラクラー造形をあっさり委ねてしまうのも手堅い方法でしょう。**

属性分けは血液型以外にもいろいろある

- 宿曜占星術に基づく12星座
- 動物で表される十二支
- 未来を映し出す手相の7大線

とはいえ、ただ血液型のステレオタイプをキャラクターにトレースするだけでは必然性と説得力に欠け、決定打とはなりません。

左頁冒頭で〝独自の切り口〟と書いたように、**世界観に一風変わった趣向を凝らし、ユニークな設定に落とし込んでこそ物語は面白くなります。**

こんなアイデアはどうでしょうか？

性格と恋愛の傾向に特化した診断がポピュラーな血液型だけに、生徒をまとめやすく管理するため、血液型によってクラスを分ける男女共学の私立高校が舞台の物語にします。日本でもっとも割合が高いA型のクラスは3学級。B型、O型はそれぞれ2学級。AB型は1学級のみです。

これによって校内勢力図が明らかになります。当然、絶対数の多いA型派はスクールカーストの上位を占めます。第2勢力のB型派は負けず嫌いでプライドが高いため、A型派と徹底抗戦。O型派は冷静沈着なので、つねに傍観を決めます。そして少数派のAB型派はもっとも低い身分であり、そのクラスに特殊能力を持つRhマイナス型の謎女子が転校してきます。

物語は血液型スクールカーストの闇を描きながら、派閥を超えた恋愛禁止という校則を破って恋に落ちるA型とB型のカップル、O型とAB型のカップルの行方を軸に展開。そこにRhマイナス型の謎女子が加わることで、さらに事態が混沌とするなか、ある事件が勃発し——。

キャラクタータイプを血液型別の極端な傾向に落とし込んで、役柄と個性をシンクロさせれば、奇想天外な面白い物語になるかもしれません。

社会に潜む多様な派閥にフォーカスして キャラクターをつくるのも面白い

NO.04

異分子キャラを登場させて存在感をアピール

狂暴な動物が暴れまくるパニック系はハリウッド映画のお家芸

パターン化されたキャラクタータイプを有効活用する創作手法がある一方で、真逆の方法論も存在します。

属性分けされない異分子を固有のキャラクターとして位置づけるものです。人間がメインキャラとなる世界観の物語であれば、その選択肢はじつにさまざまです。

もっともポピュラーなのは、犬や猫といった生き物を人間界に紛れ込ませて物語を紡ぎ出す動物系。映画でもアニメでも漫画でも小説でも、ぱっと思い浮かぶ作品がいくつもあるかと思います。

この動物系フィクションストーリーは大きく2種類に大別されます。

ひとつは動物が人間寄りのかわいいキャラクターとして大活躍したり、人間との友情や絆を深めたりする、ドラマ性を追求した癒し系ジャンルです。ディズニー映画で数多く見受けられます。小説では第163回直木賞を受賞した『少年と犬』が同ジャンルのヒット作品として挙げられます。

もうひとつは、動物が狂暴な存在として人間を脅かし、危険な目に遭わせる、いわゆるパニック系です。ハリウッド映画のお家芸ジャンルで、『ジョーズ』の成功例を筆頭にあまたの作品が世に出ています。

異分子キャラを主役級として登場させる最大のメリットは、唯一無二の圧倒的な存在感にあるでしょう。

人気動物映画おすすめ作品 BEST 3

1. 『僕のワンダフル・ライフ』(2017年公開)
2. 『ライオン・キング』(2019年公開)
3. 『ライフ・オブ・パイ/トラと漂流した227日』(2012年公開)

最先端テクノロジーで創出される AIやロボットが主役に

昨今は動物以外の異分子キャラが進化を遂げ、とりわけ映画界では多様な方向性を生み出しています。

筆頭に挙げられるのはモンスター系。戦闘種族異星人と人類が戦う『プレデター』シリーズ、架空の怪獣が大暴れする『ゴジラ』や『キングコング』シリーズなど、高度な特殊撮影技術やVFX技術によって実在しないキャラをリアルに描き、大人気ジャンルとして確立されました。

そして現在、映画のみならず、アニメや漫画、小説に登場する異分子キャラの主役といえば、最先端テクノロジーで創出されるAIやロボット、アンドロイド、サイボーグにほかなりません。

動物系やモンスター系と異なり、人類を超越した高い知能を備えるため、ディストピアの世界観に必須の脅威キャラとして根づきつつあります。

物語創作でAIやロボットが重宝される理由は、驚異的な力を振るおうとも、よほど現実離れした設定と描写でない限り受け入れられやすい点にあります。しかもAIに至っては、未知なる可能性を大いに秘めています。

約30年前、インターネットやコンピュータ、スマホが創作世界に登場して瞬く間に常識となったように、AIやロボットを人間と同列のキャラクターとして当たり前のように登場させる日もそう遠くないでしょう。

人間×ロボットの恋愛作品もある

NO.05

わかりやすく安定感のある〝定番フォーマット〟

先入観や印象を参考に適切なタイプのキャラクターで脇を固める

役柄ポジション＝キャラクタータイプ。すなわち配役をもとに、キャラクターの性格や傾向を決定する定番手法があります。

たとえば、勇者。この役柄の定義は「困難や強敵に対して、決して臆さず立ち向かい、偉業を成し遂げる勇気ある者」です。

もしあなたが勇者と聞いたとき、雄々しく屈強な外見で、面立ちには意思の強そうな双眸（そうぼう）を輝かせ、何事にも動じない自信と覇気を全身からみなぎらせている、というイメージを抱きませんか？

キャラクター造形の際、すでに刷り込まれているこうした先入観や印象を参考にすれば、適切なタイプのキャラクターで物語の脇を固められます。

とりわけ、歴史・時代系やファンタジー系の物語では、定番フォーマットを活かせる役柄が多く見受けられます。以下に例を挙げてみました。

- **忍者：鍛え上げられた痩身で動きが速く、眼光が異様に鋭い無口な男**
- **戦士：顔や肢体には刀傷が目立ち、強靭な体躯（たいく）を誇る若者**
- **僧侶：神妙な佇まいで、柔和な表情のなかにも鋭利なまなざしが光る**
- **領主：強欲極まりなく、権力を笠に着て傍若無人な圧政を民に強いる**

いかがでしょうか。**過去に触れた幾多の物語作品から紡がれる［役柄ポジション＝キャラクタータイプ］のイメージは、ほぼ大差なく、誰もが共通して持つ表象といえます**。アレンジを加え、活用してみましょう。

まだまだある！ 定番のイメージ

- 老師：高齢ゆえ普段は杖を持って暮らすが、じつはとても強い
- 姫様：やんちゃで天真爛漫ながらも、素顔は美人で気立てがいい
- 魔女：わがままで嫉妬深く、あやしい雰囲気を漂わせる

ピンチとチャンスの動機設定が簡単で多彩なドラマを描きやすい

特定の小グループのなかでも、[役柄ポジション＝キャラクタータイプ]の定番フォーマットが存在します。

おおむね5人くらいで構成される戦隊モノを例に挙げましょう。

- **レッド：誰よりも正義感が強く、精悍な顔立ちでカッコいい**
- **ブラック：斜に構えた雰囲気でニヒルだが、いざとなれば頼りになる**
- **ブルー：最年少で小柄なキャラ。知能指数が高く、戦略・戦術を担当**
- **グリーン：大柄で力持ち。ユーモラスな言動で場を盛り上げる**
- **ピンク：紅一点の美女。理知的で優しい性格。主役に恋心を抱く**

きっと誰が見ても、「あるある」な配役構成ですね。

いつの時代でもこうした関係構図が踏襲される理由のひとつは、キャラクタータイプに安定したメリハリがあるため、ピンチとチャンスの動機設定が簡単で、多彩なドラマを描きやすい点にあります。ゆえに「あるある」なキャラクター配分は戦隊モノのみならず、やや応用を加えた形で、映画をはじめとするあらゆる作品で見受けられます。

SFモノの宇宙船搭乗メンバー、戦争モノの1師団、学園モノの仲良しグループなどなど。複数のキャラクターを1集団として物語に配置するときは、ぜひこの定番フォーマットを参考にしてみてください。

ハリウッド映画の惨殺ホラーモノのキャンプではひとりの美女だけが生き残れる法則

NO.06

キャラクターの個性を5つの因子に分類

複雑な人間関係の構築において ガイドラインとなる「ビッグファイブ」

多角的な視点でキャラクターの個性を分析して緻密な人物造形を実現するには、「ビッグファイブ」と呼ばれる、性格に関する学説を参考にするとよいでしょう。この学説はアメリカの心理学者ルイス・R・ゴールドバーグが提唱し、人間の個性を５つの因子に分類したうえで、その人となりを表現できる指標です。

これは血液型のようにキャラクターをひとつの決められた型に従って表現するのではなく、多面的な性格・人格を備えた人物像を描く際に役立ちます。また、**一見すると矛盾するような言動の根拠を裏づけると同時に、込み入った人間関係の構築において、理路整然としたガイドライン的な役割も果たします**。

では、５つの因子を個別に解説していきましょう。

まず「**外向性**」です。これは誰かとともにいたいという傾向や、前向きさ、活発さを表します。「**外向性**」が高ければチャレンジ意欲が旺盛で、低ければ単独行動を好む傾向にあります。

次に「**神経症的傾向**」です。これは不安や憤りといった、ネガティブな感情の起伏の大きさを表します。「**神経症的傾向**」が強ければストレスが心身に影響を及ぼしやすく、弱ければ精神が安心しやすい反面、危機察知能力に欠けているといえます。

個性を表す５つの因子

❶ 外向性　❷ 神経症的傾向　❸ 開放性　❹ 調和性　❺ 誠実性

人は複数の複雑な特性が組み合わさり ひとつの個性を象る

続いて「**開放性**」です。これは好奇心の強さや想像力の豊かさを表します。「**開放性**」が高ければ新しく革新的なものを好むクリエイティブタイプで、低ければ決まったルーティンの実行や現実的な思考を好む保守的なタイプです。

4つ目は「**調和性**」です。これは思いやりや優しさによる、他人への配慮の度合いを指すものです。「**調和性**」が高ければ争いを避けて和平を好み、低ければ攻撃的な性格を帯びつつ、何事も自分本位に動かそうとする傾向にあります。

最後に「**誠実性**」です。これは物事に真正面から取り組み、最後までやり通す責任感があるかを指すものです。「**誠実性**」が高ければ真面目で目的達成へのモチベーションが強く、低ければ感情と直感で行動し、ともすればいいかげんな部分が見え隠れします。

基本的に人とは複数の複雑な特性が組み合わさり、ひとつの個性を象ります。当然ながら長所と短所が共存し、さらには強い部分と弱い部分の双方を兼ね備えているもの。ご紹介した**ビッグファイブは学術的な心理アプローチではあるものの、人物造形を深めるためのヒントになります。性格・人格という奥深くも複雑な描写の一助としてみてください。**

同一人物でもいろんな顔を持つキャラクターは物語に必須の存在

NO.07

ポジティブか ネガティブかを決める

相反する2つの属性は 緊張と衝突を生み出す

多くの物語には、主人公（善玉）と敵役（悪玉）が存在します。そして両極端な双方のキャラクターには、それぞれ異なった属性が付与されます。主人公にはポジティブ属性を、敵対者にはネガティブ属性を。これが一般的な相関構図の基本軸となります。

ポジティブ属性とは「前向き、積極的、肯定的」な性格であり、ネガティブ属性とは「後ろ向き、消極的、否定的」な性格です。これはキャラクターの人格形成をひもとく本書のメインテーマであると同時に、登場人物をつくり込む際に必要不可欠な概念であることを念頭に置きましょう。P.39でも触れたように、「正」と「負」という二極の対比構造が創作における要となります。

ポジティブ属性は心の成長を促し、正攻法での目標達成をもたらす美点と捉えてください。対するネガティブ属性は、周囲よりも自身を重視する傾向にあり、相手との関係を破壊する欠点として捉えてください。

ポジティブとネガティブの相反する2つの属性は、当然のように緊張と衝突を生み出します。さらには主人公の行く手を阻む障害物としてネガティブ属性は機能し、さまざまな葛藤を引き起こして苦しめ、ともすれば屈服寸前の挫折状態に追い込みます。読者はこのプロセスにハラハラドキドキしながら、主人公への感情移入度をぐっと深めていきます。

二極の対比構造を面白くするには？

- ☑ 敵対するネガティブ属性は無双の存在に設定
- ☑ ポジティブ属性のなかにもネガティブな弱点を用意
- ☑ ネガティブ属性にポジティブを加味してより複雑に

読者を深く感情移入させるためのポイントは、中心視点となる主人公の立場や人間味に共感させ、行動をともにしているような錯覚をさせることです。悪役に悪戦苦闘するさまと、それでも断念することなく生きる意味を追い求めて目標へ向かう姿勢に現実世界の自分を重ね、「主人公頑張れ！」と心から応援してもらうことに成功すれば、あなたの物語創作もまた成功したといえるでしょう。

しかし、注意すべき重要なポイントがあります。

非道かつ不道徳なネガティブ属性を抱える悪役にも、読者が共感できる接点をつくるべきです。どれほどの悪でも、微細なポジティブ属性を与え、キャラクターに複雑な人間味を加味すれば、読者は興味を引かれます。さらには「なぜ、これほどの悪に染まったのか？」という疑問への回答を用意することで、行動原理への説得力も生まれます。

かつて主人公と同じ善玉だったというエピソードをつくれば、脅威としての悪のなかに宿る、心の葛藤や辛苦を描写できるでしょう。加えて、主人公の真の成長は、ネガティブ属性である悪役の本当の姿を知ることで果たされるという、深い極みに達してエンディングに余韻を残せます。

少し難しい話になりますが、二律背反のポジティブ属性とネガティブ属性は、つねに連鎖する関係性だと意識してください。たとえば「無欲」は「諦め」、「自信」は「自惚れ」、「野心」は「傲慢」と言い換えることができるように、あらゆる特性や傾向はつねに裏表の矛盾を孕んでいます。

キャラクターの心に
真逆の属性が潜むと物語が面白くなる

COLUMN 2

ライターとしての仕事が人物観察眼とキャラ描写に貢献

私は自身の著書以外に、インタビュー形式の本を執筆することがあります。いわゆる、ライターとしての仕事です。インタビューの対象はじつにさまざま。アーティスト、俳優、アイドル、映画監督、文化人、ファッションデザイナー、DJ、大企業のCEO、若手起業家、医師、大学教授、YouTuber――何人の方々のお話を聞いて本あるいは記事にしたか、もはや思い出せないくらい執筆してきました。

じつはこの経験が小説を書くうえで役立っています。

というのも、インタビューする方のほとんどは、各分野で成功を収めた一廉(ひとかど)の人物で、少なからず特異な性格的傾向や性質を備えています。また、そういうふうに業界で頭角を現す人は、例外なく顔をはじめとする外見や話し方に際立った特徴が見られます。なかにはかなり癖の強い性格で、価値観や思想、主義主張が特殊な場合も見受けられます。

新しい物語に着手して、どんなキャラクターを登場させるかあれこれ思案しているとき、ふとインタビューで出会った人を思い出し、ひらめくことがあります。「この主人公はあの俳優のイメージがぴったりだ」とか、「この悪役にはあの文化人の雰囲気が合致する」など、空想と現実が結びついて固有の人物像を象る瞬間があるのです。しかも長時間にわたってインタビューし、内面的な情報も知り得ているため、奥行きある性格造形の一助にもなります。

そういう意味では、ライターとして取り組んだインタビューの仕事は、鋭い人物観察眼を育みつつ、リアリティあるキャラ描写に貢献してくれています。書くという仕事においては、どんな経験も糧になるものです。

PART.3

語彙力でキャラクターの性格を表現する
～ポジティブ編～

本章のPOINT

PART.3

性格を表現する語彙 ～ポジティブ編～

物語を創作するにあたって、「正」と「負」の二極の対比構造は欠かせない要素です。P.62 ～ 63で解説した通り、この対比が物語を盛り上げ、読者の心を惹きつける面白さを引き出します。

この対立を表現するには、キャラクターの性格をポジティブとネガティブに描き分けることが有効です。書き手のなかで意識的に分類しておくと、ポジティブな性格のキャラクターなら「正」、ネガティブな性格のキャラクターなら「負」の方向へ行動させることができます。

以降の**PART.3とPART.4では、性格をポジティブとネガティブの2つに分けて紹介していきます**。どんな性格があるのかだけでなく、その言葉の意味や英語訳、類似する属性、キャラクター例、人物像・背景、性格的な思考・行動の傾向についても取り上げ、キャラクターづくりに活用しやすい内容となっています。

そして本章では、ポジティブ属性について掘り下げています。ポジティブを端的にいい表すなら、人に好印象を与えるということです。そのため、**物語の主人公をポジティブ属性として設定すれば、読者に応援してもらえるキャラクターに育てることができます。**

物語を創作するとき、各キャラクターにどんなポジティブ属性を付与したいか、PART.2のキャラクタータイプとあわせて読み進めてみてください。

NO.01

勇ましい【いさましい】

［英：Brave］

【言葉の意味】
強い勢いで積極的に向かっていく様子

【類似する属性】
雄々しい　豪胆　勇敢　りりしい

【性格・人物像を表現する文例】
自分にとって一番大切なのは、愛する人たちを守り抜くこと。そのためならどんな危険も顧みない。そんな「勇ましい」ヒーローになりたいと思う。

人物像・背景

- 恐怖心に負けて大切な人を救えなかった過去がある
- 子どもの頃から、リーダー的な存在だった
- 逃げずに勝利を獲得した成功体験を持つ
- 幼い頃から弱い者の味方でいるよう教えられてきた

性格的な思考・行動の傾向

- 自分に自信がある
- 自分の感情や欲求をコントロールできる
- まわりの批判の声を気にしない
- 強い忍耐力を備える
- 自分の欠点を理解している
- 人の気持ちを理解できる
- 失敗しても諦めない
- 物事と真剣に向き合う
- 恐怖心に正面から立ち向かう
- 他者を優先した行動をとる
- 誰に対しても平等に接する
- まわりの人が沈黙している状況で堂々と発言する
- 人を傷つける嘘をつかない
- 目的を果たすためならどんな努力も惜しまない
- ラクな道より正しい道を選ぶ
- 強い意思がみなぎるまなざし
- トラブルが起きても動じない
- 相手や状況にかかわらず、間違っていることは指摘する
- つねにまわりの手本となるような言動を心がける

CREATOR'S FILE

行動の理由となる主義や信念を序盤で明らかにすべき

難しい時代です、と最初に前置きします。

Z世代はそれ以前の世代と比較して、ヒーロー像が大きく変化しているといわれます。実際、努力とか根性論を説く英雄系作品は過去の遺物となり、今や〝頑張らない〟ヒーローがもてはやされています。

そういう意味では「勇ましい」をポジティブ属性と捉えていいのか、若干の疑問は残るものの、相対的には、正義を背負った行動を表す代表格の語彙として、支持・称賛されるべきでしょう。

物語創作において勇ましいキャラクターの登場は、ストーリーを前に進めるために必須です。窮地を脱しようにも、勇ましい行動力を主人公が備えていなければ、ハッピーエンドは叶いません。

ただ気をつけたいのは、何のために、あるいは誰のために勇ましい行動を起こすのか、その背景と理由が必要になります。そして勇ましさを貫く主義や信念を序盤で明らかにすべきです。裏づけのない勇ましさは、「無謀」というネガティブワードに一転してしまうのでご注意ください。

とはいえ、時として勇み足になろうとも、自己犠牲をいとわず困難や強敵に立ち向かう勇敢な姿勢は、人として見習うべき心構えであり、簡単に真似できるものではありません。

勇ましさは説得力のある根拠が必要

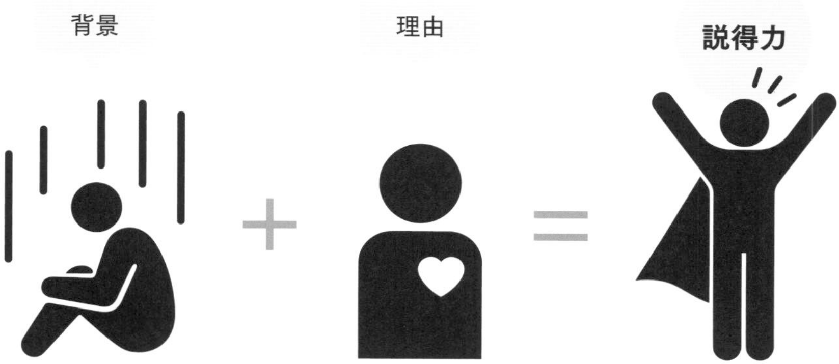

NO.02

色っぽい【いろっぽい】

[英：Flirtatious]

【言葉の意味】
身ぶりやしぐさ、表情に周囲を惹きつける様子や性的な魅力があるさま

【類似する属性】
艶っぽい　官能的　コケティッシュ　セクシー

【性格・人物像を表現する文例】
彼が「色っぽい」と感じる最大の特長は、あの余裕に満ちた言動と、どこかミステリアスな雰囲気だ。しかも、いつもぴんと背筋が伸びて姿勢がいい。

人物像・背景

- 両親やまわりの人から過剰な愛情を注がれて育った
- 子どもの頃に海外に住んだり留学したりした経験がある
- 大切な人に見捨てられた過去を乗り越えた経験がある
- 小さい頃からマドンナ的存在で、同性からも異性からもモテた
- 母親が魅力的な人で、幼少よりその姿に憧れている
- 冷え切った家庭で育ったため、愛情に飢えている

性格的な思考・行動の傾向

- 目が合うとほほ笑む
- 相手のことをよく褒める
- わざと知見のないふりをする
- 無意識にボディタッチをする
- 思わせぶりな態度を匂わす
- 頻繁に連絡を取ったり、会う機会をつくろうとしたりする
- 髪や唇をさりげなく触る
- ゆっくりとした口調で話す
- 相手のほうに体を傾ける
- 些細なことでも相談に乗ってもらおうとする
- 体のラインがわかる服装が好き
- 口元を隠してくすっと笑う
- 艶っぽく濡れた目線を送る
- 相手が関心のあることに自分も興味を持っているふりをする
- 自分に自信があることを何かにつけてアピールする
- 甘く漂う香水をつける

CREATOR'S FILE

内面の魅力も色っぽさにつながる

性的な魅力があるさま、と左頁の言葉の意味に書きました。しかし、昨今の「色っぽい」は、ニュアンスが変わってきています。

ざっくりと断じてしまえば〝多様性〟が関係しています。かつてなら、異性視点による「色っぽい」が成立していました。ところが、令和の今は異なります。同性から見た「色っぽい」が存在するうえ、その意味合いはより広義なものへと移り変わってきました。

たとえば、男女ともに、鍛え抜かれた体つきが「色っぽい」に直結するスペックとなっています。これも〝多様性〟ゆえの潮流なのでしょう。

さらに、現代の「色っぽい」条件には、フィジカル要素だけでなくメンタル要素が求められます。余裕、自信、知的、ミステリアスなどです。また、清潔であること、姿勢がいい、所作が美しいといったことも、「色っぽい」の必須要素としてカウントされます。

もし、**昔ながらの「色っぽい」感じをこれみよがしに女性キャラクターのポジティブ属性として描けば、間違いなく読者から猛反発を受けるでしょう。**一部のラノベや漫画では通用するかもしれませんが、広く一般的な創作に関わるなら現代の「色っぽい」概念を的確に把握し、表現には細心の注意を払うべきです。それくらいデリケートな語彙といえます。

昭和のアニメでは「色っぽい」キャラが普通に登場した

NO.03

大人っぽい【おとなっぽい】

［英：Mature］

【言葉の意味】

精神が発達していて、雰囲気や態度に落ち着きがある

【類似する属性】

知的　聡明　経験豊か　懐が深い　若年寄

【性格・人物像を表現する文例】

初対面のとき、自信にみなぎる言動が素敵に思えた。頼りがいがあり、何より私に持っていない「大人っぽい」雰囲気が魅力的に映った。

人物像・背景

- 幼い頃に両親からしっかり行動するべきだと教えられてきた
- 年上の人がまわりにたくさんいる環境で育った
- 子どもの頃は生徒会や学級委員を何度も任された
- 過去に壮絶な経験をしたトラウマを抱えていて、まわりの人に心を開けずにいる
- これまでの人生で感情を素直に表現できる場がなかった
- 年の離れた弟や妹がいる

性格的な思考・行動の傾向

- 物事を徹底的に考え抜く
- 忍耐力がある
- 自分に自信を持っている
- まわりの意見は参考にするが鵜呑みにはしない
- 満足することを後回しにする
- 決断力が備わっている
- 何事にも真面目に取り組む
- まわりをよく見て状況を把握したうえで行動する
- 同年代の人と話が合わない
- 現実的な計画が立てられる
- 責任感が強い
- 誰に対しても平等に接する
- 人の話にじっくりと耳を傾ける
- トラブルにも冷静に対応する
- 上司や部下から信頼を得ている
- 正しい基準で決断を下す
- 品のある言葉遣いをする
- つねに周囲の人に心を配る

CREATOR'S FILE

気質やメンタルが強くなった裏づけがあれば説得力を生む

主人公キャラを造形するうえで、「大人っぽい」は外せません。左頁の性格的な思考・行動の傾向をご覧いただければよくわかるかと思います。特にヒーロー系の場合、それにふさわしい個性を余すところなく付与できるため、必須のポジティブ属性といえるでしょう。

その一方、安直に「大人っぽい」というひと言で済ませてしまうと、不完全な設定となり、読者は納得してくれません。

なぜ「大人っぽい」キャラクターになったのかについて言及し、その『背景』を丹念に描く必要があります。

たとえば何らかの経験や環境が影響して、ほかの同年代より気質やメンタルが強くなったという裏づけがあれば説得力が生まれます。

さらに、厳しい過去から逃げることなく一点突破した既成事実を描けば、それが強さや自信の源泉となり、過酷なピンチや四面楚歌の状況から脱出できる原動力につながります。

とはいえ、「大人っぽい」特徴をあまり強調しすぎないように。プライドが高い、自信過剰、扱いにくいといったネガティブ属性が目につくようになり、共感しにくいキャラクターと読者が感じるからです。便利な個性であるだけに、適度なレベルにとどめましょう。

描写によって印象の良し悪しは紙一重なので注意

NO.04

お人好し【おひとよし】

[英：Trusting]

【言葉の意味】
人を疑わず、信用すること

【類似する属性】
気立てがいい　優しい　善人　献身的

【性格・人物像を表現する文例】
危なっかしいくらい「お人好し」だな、と思っていたら、案の定、詐欺被害に遭うなんて。そんな彼女のことがだんだん気になってしょうがない。

人物像・背景

- 人間不信に陥るような困難に直面した経験がない
- 人間関係に恵まれてきた
- 心優しい母親がいる
- 過去の困難な状況や苦労をポジティブに捉えている
- ひとりっ子である
- 過保護な両親のもとで育った

性格的な思考・行動の傾向

- 失敗してもくじけない
- 物事を楽観的に捉える
- 深い人間関係を望む
- 人にいわれた通りに行動する
- 相手に余計な質問をしない
- 困っている人を損得勘定抜きに助ける
- 自分の思い通りにならなくてもいら立たない
- 人の話を言葉通りに受け取る
- 過剰な心配はしない
- 人との約束をしっかり守る
- 人の悪口や噂話を嫌う
- 親身になって愚痴を聞く
- 隠しごとをしない
- 人に相談するのが苦手
- まわりの様子をよく見る
- 人が謝罪してきたらすぐに許し、根に持たない
- 躊躇せずに人と約束する
- 他人のプライバシーを守る
- 誰もの話にほほ笑みながら頷く
- 人間はみな親切だと考える
- 裏切られてもすぐに立ち直る

CREATOR'S FILE

むごたらしい殺され方で絶命すれば その残念感は半端ない

脇役、すなわちサブキャラに適した「お人好し」は物語に欠かない存在です。たとえば、主人公が一本気で頑固な性格なら、対比的な色合いを醸し出し、互いを補い合うバディ役として良好な関係性を描けます。しかも左頁に、〝物事を楽観的に捉える〟〝親身になって愚痴を聞く〟とあるように、その柔らかな物腰は女房役のサブキャラにぴったりです。

ミステリーやサスペンス調のシリアスなストーリーであっても、場を和ませて読者をほっとさせる箸休め的なキャラクターとして、いい塩梅の異彩を放ってくれます。**腕の立つ作家は「お人好し」キャラの描写に優れ、展開に緩急をつける技術に長けているものです。**

じつはこの「お人好し」キャラには、別の役柄も似合います。ただし、こちらはちょっと残念な設定。人を疑わず信じやすい性格が裏目に出て、悪役にころっと騙されて殺される役のような、被害者タイプに最適なのです。優しく柔和で、読者が応援しやすい人柄ゆえ、むごたらしい殺され方で絶命すれば、その残念感は半端なものではありません。

とはいえ、読者の心を鷲掴みにして感情を揺さぶることができるため、「お人好し」キャラに非情で非道な死に様を用意するのは妙手といえます。これもまたポジティブ属性の使い方。覚えておきましょう。

「お人好し」の仮面を被った悪人にも 読者は残念感を抱いて嘆く

NO.05

几帳面【きちょうめん】

［英：Meticulous］

【言葉の意味】
物事を細かいところまできちんと行う

【類似する属性】
真面目　誠実　入念　潔癖　神経質

【性格・人物像を表現する文例】
いい加減な連中の集まりかと思ったが、ひとりだけ「几帳面」な奴がいた。整理整頓は完璧で、時間もしっかり守る。彼なら信頼できそうだ。

人物像・背景

- 幼い頃に両親から褒められた経験が少ない
- 子ども時代はもの静かで目立たない存在だった
- できていないことがあると厳しく叱られる家庭で育った
- 医療関係など命にかかわる仕事をしていた経験を持ち、やや神経が過敏な傾向にある
- きょうだいが大ざっぱな性格で、子どもの頃から自分は同じようになりたくないと考えていた

性格的な思考・行動の傾向

- 綿密な計画を立てる
- 人の未熟さにイライラする
- 頼まれていなくても人に進言や忠告をする
- きっちりとした七三分けの髪型
- 家具や食器などの色やデザインをすべて統一する
- ものの置き場所を明確に定める
- 身の回りがつねに整理整頓されていて、掃除も行き届いている
- 約束の期日は必ず守る
- 時間に余裕を持って行動する
- 細かい作業や単調な作業が得意
- つねに身だしなみに気を遣う
- ミスがないか、何度も確認する
- 重要ではない細かな箇所を異常に気にして何度もチェックする
- ほかの人がした仕事の質を信用せず、自分で再度確認する
- 想定外の出来事には動揺する

CREATOR'S FILE

役柄と描写次第では
ユニークかつ憎めない印象を与える

気難しさが見え隠れする「几帳面」は、闇雲に主役級キャラクターの個性や傾向として付与しないほうが無難でしょう。なぜなら、読者は勇敢で大胆な一面を備え、小さなことにこだわらない器の大きな人に惹かれるからです。左頁をご覧ください。ヒーロー、ヒロインと聞いて〝人の未熟さにイライラする〟〝ほかの人がした仕事の質を信用せず、自分で再度確認する〟というイメージがぱっと浮かびますか？

正義をまっとうしてみんなを守る英雄は、細かい性格でないほうが読者に受け入れてもらえます。**そう考えると、どんなジャンルの物語でも、主人公を「几帳面」な性格にするのは不適格といえます。**

しかし、コミカルな脇役キャラクターを「几帳面」な人として描くのは有効です。小さなことを気にしない主人公に、事あるごとにあれこれ小言をいう「几帳面」さは、役柄と描写次第ではユニークかつ憎めない印象を与えます。あるいは事件解決の推理をする重要なシーンで、「几帳面」な性格ゆえの気づきや発見によって真犯人のヒントを匂わすのもありです。こうなればじつにアクセントの利いたポジティブな属性として機能します。

ただし「几帳面」キャラは物語中ひとりだけにとどめてください。複数登場すると、展開が散らかって収拾がつかなくなります。

自分中心で空気の読めない
ネガティブ属性になる危険も

NO.06

謙虚【けんきょ】

[英：Humble]

【言葉の意味】

おごり高ぶらず、控えめで慎ましい様子

【類似する属性】

腰が低い　思慮深い　気取らない　慎ましやか

【性格・人物像を表現する文例】

彼の「謙虚」さの裏には、あの偉大な父親の存在があるのだとわかった。それでも彼には人にない確かな力がある。いつかきっと大成するに違いない。

人物像・背景

- 家族に芸術家や芸能人など、華やかな人がいる環境で育った
- 過去に大きな失敗をしたトラウマがあり、自分に自信がない
- 生来内気で気弱な性格
- 人を立てることが何より重要だと教わってきた
- 幼い頃、両親が第三者に対して自分の評価を下げるような発言をしているのを聞いた

性格的な思考・行動の傾向

- 表舞台より裏方の仕事を好む
- 人が称賛されたり、認められたりしたときに歓びを感じる
- 褒められたときには謙遜し、逆に相手を褒め返す
- 人から注目を集めることを嫌う
- 人がやりたがらない地味な仕事を率先して行う
- 人に共感するのが得意
- 目立つことは極力しないようにつねに意識している
- 誰に対しても物腰がやわらかい
- 自分が話すより、聞き手に回るほうが気がラク
- 話題が自分に向けられると居心地が悪くなってしまう
- 授業中、先生に指名されないように心のなかで祈る
- 自分の能力を低く評価している
- 人の悪口や愚痴を嫌う
- 自分は注目を集めてはいけない存在だと考えている

CREATOR'S FILE

控えめな人物の秘めたる強さが読者の心を鷲掴みにする

今風な人気キャラクターにぴったりなポジティブ属性が「謙虚」です。目立ちたがらず、乱暴でなく、素直で毒を吐かない。このような姿勢は、現実世界でも人のあるべき姿として求められる傾向にあります。

こうした空気が暗黙のうちに世を席巻していったのは、ひとえにネット社会の成せる業といえるでしょう。ちょっとしたひと言で大炎上したり、世の中から総スカンを食らったりする恐ろしい時代だからこそ、「謙虚」であれば間違いを犯すリスクが大幅に軽減し、重宝されます。

さて、物語創作においては「プラスのギャップ」が好印象を生む法則を理解しましょう。これはキャラクターのイメージが初見よりもいい方向へ傾けば、読者の心を鷲掴みにできるというわかりやすい図式です。

序盤で登場した「謙虚」で控えめなキャラクターが、じつはものすごく強かったり、特殊な才能を持つ天才だったりすれば、おいしい展開として読者を惹きつけられます。『新世紀エヴァンゲリオン』の主人公、碇シンジもどちらかといえばこのパターンです。

生来内気な性格の弱々しい人物が、あるきっかけで大きく成長を遂げる展開は物語の王道ゆえ、「謙虚」のポジティブ属性は利用する価値大。時代が時代なだけに、読者を味方につけやすい特性といえるでしょう。

「能ある鷹は爪を隠す」と「謙虚」は少し似ている

優れた才能や実力のある人は
軽々しくそれをひけらかさない

NO.07

個性的【こせいてき】

[英：Flamboyant]

【言葉の意味】

ほかと比較して異なる性質や特徴を持っていること

【類似する属性】

独自　独創的　オリジナル　目新しい　奇抜

【性格・人物像を表現する文例】

見た目は普通なのに、話してみると彼女は「個性的」だと思った。おそらく物事を捉える視点が人と違うのだろう。そこに不思議な魅力を感じた。

人物像・背景

- 自由な雰囲気の家庭で育った
- 幼い頃から、興味のあることは何でもやらせてもらえた
- 学校では浮いている存在だった
- 自分のアイデンティティに誇りを持っている
- 貧乏な家庭で育ち、やりたいことを大人になるまでずっと我慢してきた
- 家族や知り合いが芸術家やクリエイティブな仕事をしていて、幼い頃から間近に見てきた

性格的な思考・行動の傾向

- コミュニケーション能力が高い
- 自分が注目されるときに大きな歓びを感じる
- 人と違うファッションやメイクをすることが好き
- 想像力が豊かで、素敵な未来を想像することを好む
- 自分に共感する仲間と一緒にいるときに幸せを感じる
- いつも冒険心を抱いている
- 人とは違う視点で物事を見て、独自の解釈をする傾向がある
- 人からの批判や圧力に屈しない
- 常識を打ち破る方法を模索する
- 独特な口調で話す
- 好きなことをしているときには目をキラキラ輝かせる
- 子どものような純真さをいつまでも持ち合わせている
- 自分だけの世界に没頭している

CREATOR'S FILE

必ずしも奇抜で際立った独創的要素を指すわけではない

登場人物の多くに「個性的」な何かを特徴づけることは、書き手としてつねに留意すべきです。

服装、髪型、体格、話し方、人柄、習癖、性格、特技――着目するポイントは数多くあるものの、思いつきや気まぐれで「個性的」特徴を付与してはいけません。どういう役柄で、読者にどのような印象を与えたいキャラクターなのかを熟考したうえで決定してください。

たとえば、ミステリアスな私立探偵なら、黒いシルクハットに黒ずくめの衣装を身に纏(まと)わせれば、いかにも謎に満ちた雰囲気を漂わせることができます。老獪(ろうかい)なペテン師なら、陰湿な目つきで滑舌よくぺらぺらしゃべらせれば、油断ならない人物だと思わせることが可能です。

一方で、青春恋愛系ストーリーのヒロインに「個性的」特徴を設定する場合、キラリと光るポジティブな魅力を醸し出させる必要があります。キャラに好かれる特性がなければ、恋愛系ストーリー自体が成立しないからです。

創作における「個性的」とは、必ずしも奇抜で際立った独創的要素を指すわけではありません。ストーリーと役柄とキャラクターの３方向にマッチする個性であるかをまず確認しましょう。

そして何より、読者にどう映るかという俯瞰視点をお忘れなく。

見た目が派手でなくても、内面が「個性的」な場合もある

NO.08

自信家【じしんか】

[英：Confident]

【言葉の意味】
自分はうまくできるという自信と自負があること

【類似する属性】
誇り高い　強気　堂々　自惚れ　ナルシスト

【性格・人物像を表現する文例】
「自信家」タイプだと思っていた。だけど、じつは大失敗から這い上がった過去があると聞き、弱さを知っている人なのだと彼を見る目が変わった。

人物像・背景

- 何事もポジティブに捉える家庭で育ち、前向きな考えを持つ
- 過去に大きな成功を収めた
- 今までまわりの人からの愛情を受けて成長してきた
- 失敗から這い上がった過去の経験が心根を強くしている
- 生まれつき才能に恵まれている
- 大きな困難を乗り越えた先にある、今の境遇に満足している

性格的な思考・行動の傾向

- 人の目をまっすぐ見て話す
- まわりの声を取り入れる
- 社会的地位や権力に屈しない
- 他人がどう思うかについては気にせずに行動する
- 自分の力でできることの範囲を十分に理解している
- いい姿勢で悠然と歩く
- 誰に対しても臆さず堂々と自己主張することができる
- 熱心な語気で話をする
- 世間に立ち向かえるだけの自身への確信がある
- 他者からの称賛や間違いの指摘を素直に受け入れる
- 新しい分野に積極的に足を踏み入れて取り組む
- 何事にも好奇心が旺盛
- 助けが必要なときは躊躇せずに声を上げることができる
- 失敗してもすぐに気持ちを切り替え、前に進むことができる

CREATOR'S FILE

自信を持つに至ったプロセスとその理由づけも重要となる

物語には「自信家」の存在が必須です。**ひとつの理想的な在り方は、苦難や失敗をくぐり抜けて強く成長した主人公がやがて「自信家」となり、目標に突き進んでいく王道パターン。**この後天的「自信家」こそ、ポジティブ属性の代表格といえるでしょう。

ポイントは、最初から「自信家」ではないところにあります。とはいえ、「自らを信じる」と書くように、主人公は己を信じる自己効力感を持っているべきです。だからこそ、失敗しても諦めず、何度でも立ち上がれます。そういうひたむきな姿勢に読者は共鳴し、リスクや困難に立ち向かう主人公に自身を重ね、応援するのです。つまり、自信を持つに至ったプロセスとその理由づけも物語創作においては重要となります。

しかしながら、物語にはしばしばこのパターンとは真逆の「自信家」が登場します。全能を自負する、鼻持ちならない存在です。**このような悪役やライバル役に多い、いわゆる先天的「自信家」も物語に欠かせません。**

主人公の前に立ちはだかり、激しい葛藤と絶望的な挫折をもたらすネガティブ属性が不在だと、展開の盛り上がりに欠けます。主人公が悪役やライバル役を打ち破った瞬間に、読者の感情の高ぶりが最高潮に達するのは、ポジティブvsネガティブという鮮明な対比構図があってこそです。

自信を獲得していくプロセスが読者の共感を生む

NO.09

慈悲深い【じひぶかい】

［英：Affectionate］

【言葉の意味】

他者を憐れみ、いつくしむ気持ちが強い

【類似する属性】

情け深い　愛情深い　寛大　親切　穏やか

【性格・人物像を表現する文例】

「慈悲深い」彼女に心を救われた。以来、彼女のことが頭から離れない。ところが誰にでも愛情を注ぐ人だと知り、どうにも複雑な心境になった。

人物像・背景

- 配偶者や自分の子どもなど、守るべき大切な人がいる
- 教会などで神を信仰している
- 子どもの頃から友人や教師に信頼されていた
- 両親から十分な愛情を注がれずに育ったため、それを補おうと努力している
- 人に優しくすることの大切さを子どもの頃から教わってきた

性格的な思考・行動の傾向

- 深い人間関係を築くのが得意
- やわらかな口調で話す
- 所作がゆっくりとしている
- 穏やかな表情でうなずきながら人の話に耳を傾ける
- 人のことをよく褒める
- 涙もろい純真な性格
- 他者が抱える悲しみを、自分のことのように憂慮する
- 困っている人を放っておけない
- 人にプレゼントを渡すのが好き
- 人を安心させることが得意
- 相談役になることが多い
- まわりの人を包み込むように愛する懐の大きさがある
- 誰に対しても平等に接する
- 行動のきっかけに善意や他者への愛情がある
- 積極的に感謝の言葉を伝える
- 相手を思いやることができる
- 他者を心から尊敬している
- どんなときも真心を尽くす

CREATOR'S FILE

ヒロインに担わせると ストーリーに動きが出る

博愛精神に満ちた、心優しいキャラクターが登場人物のひとりとして加わると、物語に深みと幅を持たせることができます。

そして定番ではありますが、**ヒロインに「慈悲深い」役を担わせると、ストーリー展開にさまざまな動きを持たせられます。**

たとえば、障壁にぶつかり心が折れそうな主人公を励まし、メンタル面の支えになれば、主人公がふたたび立ち上がる動機づけになります。また、誰かを守ろうとして敵役の悪者に拉致され、窮地に陥れば、その「慈悲深い」愛されキャラゆえ、感情移入する読者はハラハラドキドキします。さらには仲間の身代わりとなって絶命するような事態となれば、ラストシーンへつながるプロットポイント（転換点）として、主人公の怒りや哀しみをマックスまで引き上げられます。

ただし、「慈悲深い」キャラクターの描写はさじ加減が難しく、注意が必要です。**誰にでも優しさを振り撒き、深い愛情を注ぎすぎれば、ポジティブ属性から一気にネガティブ属性へと転換し、「何かウザいな」「ちょっと暑苦しいでしょ」「あり得ないって」と、読者から反感を買うキャラクターに成り下がってしまいます。**それゆえ、ただ「慈悲深い」のではなく、「なぜ慈悲深いのか？」その『背景』を描写することが求められます。

適度な慈悲深さのほうが 人は素直にありがたいと感じる

NO.10

純粋【じゅんすい】

［英：Innocent］

【言葉の意味】

気持ちに邪念や私欲などのまじりけがないこと

【類似する属性】

一途　純真　潔白　ピュア　清らか　誠実

【性格・人物像を表現する文例】

ピュアで無邪気なあの子と一緒にいると、遠い昔を思い出す。もう一度、あの頃に戻りたい――そう願うけれど、もちろん叶うことはないのだ。

人物像・背景

- 人に騙された経験がない
- 両親に甘やかされて育った
- ひとりっ子である
- 思い込みが強い傾向にある
- 子どもの頃は我が道をいく性格で周囲から浮いていた
- 悪意を知らない性格ゆえに、まわりの人にいつも守られてきた

性格的な思考・行動の傾向

- 自分の感情を素直に表現できる
- 好奇心が旺盛
- 子どものようにキラキラと目を輝かせて、表情が豊か
- 喜怒哀楽がすぐに顔に出る
- 人前で泣くことをはばからない
- 唐突に空気の読めない意見をして周囲の人を驚かせる
- 無自覚にデリカシーのない発言をしてしまう場合がある
- 人に共感する能力が高い
- 嘘をつくことをひどく嫌う
- まわりから天然キャラだと思われている
- 人の発言を言葉通りに受け取る
- 自分の意見や感情を恥ずかしがらずに伝えることができる
- 乙女のように無垢な表情をする
- 言動から、実年齢よりも若く見られることがある
- 揉めごとが起きたら積極的に仲裁に入って場を収める
- 人に隠しごとをしたり、嘘をついたりすることができない

CREATOR'S FILE

しばしばネガティブ属性の登場人物に騙されて痛い目に遭うことも

自分に素直で、ありのままをさらけ出し、他人を信じて疑うことを知らない「純粋」。主役級の子どもの多くが備えるポジティブ属性として、古今東西の物語で寵愛されてきました。

もちろん、日本のアニメや漫画でも、「純粋」キャラは大人気です。その代表格といえば、スタジオジブリの長編アニメ映画『となりのトトロ』に出てくる次女、メイちゃんではないでしょうか。「純粋」で天真爛漫なメイちゃんは、子ども時代にしか会えない不思議な生き物・トトロと出会い、思わぬ大冒険へと導かれます。観る人はどこか懐かしくも愛らしいメイちゃんに、自身の幼少時代や我が子の姿を重ね、不思議な物語の世界観に引き込まれ、あっという間に心奪われます。

「純粋」な登場人物には、その無邪気さで読者の心を鷲掴みにする力があるものの、いい面ばかりではありません。素直すぎて誰でも信用してしまうため、しばしばネガティブ属性の登場人物に騙されて痛い目に遭います。自ら危険に飛び込み、絶体絶命のピンチに陥ることもあるでしょう。お約束の展開ではあるものの、ずっと「純粋」な子どものままでいるのは問題です。**大方の創作作品がそうであるように、ラストに向けて何がしかの成長や目標達成を遂げなければ、物語として成立しません。**

「純粋」キャラは読者をハラハラさせる存在として使える

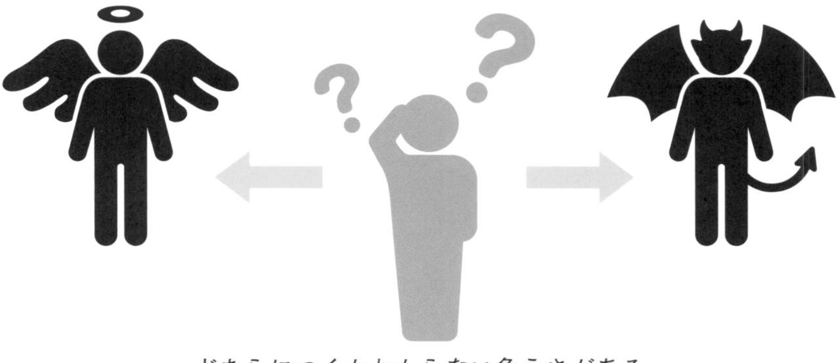

どちらにつくかわからない危うさがある

NO.11

上品【じょうひん】

［英：Proper］

【言葉の意味】
いやしさがなく、洗練されていること

【類似する属性】
高貴　気高い　もの静か　しなやか　エレガント

【性格・人物像を表現する文例】
高貴で美しいあの人は、裕福な家庭で育ったらしい。厳格な教育を受けただけに、教養もある。完璧な人のはずなのに、評判が悪いのはなぜだろう。

人物像・背景

- 裕福な環境に育った
- 厳格な教育を受け、教養がある
- 宗教的な影響を受けている
- まわりに手本となる人がいる
- 礼儀を重んじるべきという両親の教えを守っている
- マナーに厳しい職種に就いている、または就いた経験がある
- 子どもの頃から高級レストランや社交場に行く機会があった
- 過去に自分の振る舞いで人を傷つけた経験がある

性格的な思考・行動の傾向

- 人の意見を否定しない
- にこやかに奥ゆかしく話す
- 正しい文法を使いこなす
- ルールやマナーを忠実に守る
- 人と対立することを嫌う
- 自分の信念を持ち、つねに貫こうとするが強引ではない
- あいさつや礼儀を大切にする
- 人の気分を害さないよう意識と配慮を怠らない
- 適度な相づちを打って話を聞く
- 困っている人に対して丁寧なフォローができる
- 発言する前には一歩踏みとどまって熟考する
- 人がどう反応するのかを注意深く見守る
- いつも身だしなみが整っている
- 計画を確実に実行しようとする
- 精神的に余裕がある

CREATOR'S FILE

読者目線の応援や共感を呼び起こすには難がある

気高くて礼儀を重んじる「上品」さは、人としての美徳。誰もが心で憧れながら、誰でも備えられる要素ではありません。家庭環境や教育、親から譲り受けた先天的な気質が影響する場合もあるからです。

物語では「上品」なキャラクターは定番です。女王、お姫様、お嬢様など、上流階級や貴人の娘にこの属性が多いのは、やはりお金持ち＝「上品」という世俗的な図式ができあがっているためでしょう。

「上品」は人としての美徳で、誰もが憧れているポジティブ属性なのに、「上品」なキャラクターはネガティブに描かれがちです。融通が利かなかったり、鼻持ちならなかったり、常識にズレがあったりと、品性の高さの裏側に潜む嫌な部分が見え隠れします。これは、「上品」に対する妬みや嫉みが一般大衆に根づいているせいでしょう。

とはいえ、「上品」さがポジティブ属性であることは間違いありません。であれば、とことん可憐で洗練された「上品」なキャラクターを描けば「キャラ立ち」するはず。しかし、読者からの応援や共感を呼び起こすには、やはり難があります。なぜなら、読者は不遇なキャラクターに自身を重ね、応援したくなるからです。物語の摂理は複雑で、ポジティブ属性がつねにプラスな印象を与えるとは限りません。

古くは『シンデレラ』の設定に物語の摂理が詰まっている

NO.12

慎重【しんちょう】

［英：Cautious］

【言葉の意味】

注意深くて、軽率に行動しないこと

【類似する属性】

丁重　綿密　入念　理性的

【性格・人物像を表現する文例】

神経質なほどのあいつの「慎重」さに何度も救われてきた。だが、今夜は違った。あいつは単に臆病なのだ。だから捜査に失敗したのだろう。

人物像・背景

- 過保護な両親のもとに育ち、やりたいことを諦めてきた
- 過去の失敗で大切なものを失ったことがある
- かつて裏切られた経験があり、人に対して不信感がある
- 幼い頃に両親やきょうだいから虐待やネグレクトを受けた
- 自分が努力しなければ存在を認めてもらえない環境にいた
- これまでに一度たりとも大きな挑戦をしたことがない

性格的な思考・行動の傾向

- パスワードを頻繁に変える
- 気になったことは納得するまでとことん調べる
- 相手の腹のなかを探りながら注意深く会話をする
- 人の意見をすぐに聞き入れない
- 決断はつねに自分で下す
- 物事のリスクを徹底的に考える
- サプライズやドッキリを嫌う
- 人に嫌われることを恐れる
- 失敗したときのことを先回りして考えて、次の手を用意する
- 戸締まりをきちんとする
- 清潔感のある服装を心がける
- 環境の変化に敏感に気づく
- 周囲の人のことをよく見ている
- 論理的な思考と方法論を好む
- 決断する際は複数の案をじっくりと比較検討する
- 迷信や占いを信じがち

CREATOR'S FILE

過去の何が原因でその性格になったかをきちんと描くこと

勇気と決断力を備えた屈強な主人公の隣には、ストッパー役となる「慎重」な性格のバディが控えているもの。刑事・探偵系の物語では欠かせない構図です。

こうした正反対のキャラクター配置は、映画、小説、漫画において王道の組み合わせです。最初はいがみ合い、しょっちゅう衝突していた両者なのに、ある出来事をきっかけに友情や信頼が芽生え、育まれていきます。

「慎重」なバディは、時に無謀で勇み足の主人公をいさめて危機を回避し、頼もしい存在として映ります。

一方で、危険がないか心配するあまり、場の空気を壊してしまう残念な存在にもなりかねません。「慎重」な本人自身も、自分のネガティブな弱さを自覚する部分があり、己のふがいなさに悔しさがこみ上げます。

ここで重要なポイントがあります。**「慎重」なキャラクターを登場させるなら、過去の何が原因でそのような性格になったかをきちんと描いてください**。この「背景」を押さえることで、ネガティブ属性から脱却させ、ポジティブ属性へと転換させることができます。

陰陽どちらにも転びやすい属性の「慎重」だけに、心の機微を丁寧に書き綴っていけば、魅力的なキャラクターに仕上げることができます。

「石橋を叩いて渡る」には賛否ある

NO.13

辛抱強い【しんぼうづよい】

[英：Patient]

【言葉の意味】
辛い状態にあっても取り乱さず、平常心を保ったまま苦難を耐えること

【類似する属性】
我慢強い　忍耐強い　粘り強い　腰が強い　自制心

【性格・人物像を表現する文例】
冤罪で投獄された男性が数十年かけて脱獄する、感動の映画を息子と観た。「辛抱強い」主人公に私は心奪われたが、息子は「つまんない」という。

人物像・背景

- いじめや暴力、大病など大きな困難を克服した経験がある
- 失敗しても果敢に挑戦する父親の姿を近くで見てきた
- 両親が、自分がやりたいことを最後まで応援してくれた
- 学生時代はスポーツに打ち込み、粘り強く頑張って勝つことの大切さを学んだ
- 諦めることなく努力する姿を自分の子どもに見せることで、手本になりたいと考えている

性格的な思考・行動の傾向

- トラブルが起きても動揺することなく落ち着いている
- じっと好機を待つ
- つねに物事をポジティブに捉えようとする
- 目先の利益に囚われず、一見損な役回りでも引き受ける
- 空いた時間を有効活用できる
- 自分よりも他者を優先する心の広さを持っている
- 失敗してもすぐに投げ出さない
- 時間に余裕を持って生きている
- 自分の力ではどうにもできないことをくよくよ悩まない
- 物事に落ち着いて向き合う
- ゆっくりとした所作を心がける
- 将来を不安視するよりも今を楽しむことができる
- 人の話を落ち着いて聞く
- 少々のことでは怒らない

CREATOR'S FILE

ひたむきに頑張る主人公像は時代の変化で下火になりつつある

理不尽な圧力に対し、我慢に我慢を重ねて耐え抜く「辛抱強い」姿に、読者は自身の日常を投影し、「頑張れ頑張れ！」とエールを送ります。我慢と忍耐は、多くの人にとって日々の試練だからです。

そしてもちろん、辛抱強く頑張った先には、希望の光があると誰もが信じているはずです。物語の主人公と同じように。

「辛抱強い」キャラクターは、ポジティブ属性のなかでも特に粘り強い前向きさを備え、多くの創作作品に主人公として登場しました。読者の心に響いて支持されやすい、鉄板のストーリー展開が約束されるからです。

しかしながら、このパターンは少し古いと思われる節があります。なぜなら、頑張らない主人公がよしとされる時代となってきているためです。**努力や苦労はできるだけ避け、辛ければすぐに弱音をさらけ出したり、すんなり音を上げたりするほうが、「何となく心がラク」で「リアルさがある」と受け取られるのが昨今の風潮です。**

ネット検索してみても、〝頑張らない主人公〟〝無気力系主人公〟〝ダメ主人公〟といったコンテンツが山のように出てきます。どちらが正しいかという正解はありませんが、書き手としてどちらの主人公を自らの物語に選ぶかは、よく吟味すべきでしょう。

そのうち亀よりもウサギが正しいという時代が訪れるのかも

NO.14

責任感が強い【せきにんかんがつよい】

［英：Dutiful］

【言葉の意味】

自分の行動に責任を持ち、その義務を果たそうとする

【類似する属性】

義理堅い　実直　真摯　篤実　頼もしい

【性格・人物像を表現する文例】

本当に「責任感が強い」上司だ。こんな状況でも諦めずに、徹夜で企画を練り直すなんて。

人物像・背景

- 長子で下の子の面倒を幼い頃から見ていた
- 過去に大失敗してしまった経験がある
- 家の手伝いを率先して行う気遣いのできる子どもだった
- 両親から挨拶や礼儀をしっかりしつけられ、実践してきた

性格的な思考・行動の傾向

- 人に任された任務の遂行を最優先に考えてまっとうする
- どんな規律にも忠実に従う
- ただ優しく接するのではなく、人に厳しくもできる
- プロ意識が高い
- 自分の役割や仕事に誇りを持って行動する
- 単純な作業にも手を抜かない
- 各方面に配慮した発言や行動ができる
- 武道に精通している
- 失敗しても言い逃れをしない
- できない人がいれば率先してサポートする
- 堅実な手段を講じる
- 未知のものよりも実績のあるものが好き
- マイナスな側面にも目を向ける
- 何かを行うときはまず堅実な計画を立てる
- 何があろうと、裏切ったり、約束を反故にしたりしない
- 目上の人をつねに敬う

CREATOR'S FILE

反作用するネガティブ面にも触れることでリアリティが増す

学校でも会社でも、「責任感が強い」人は組織の規範を守る役割を担うため重宝されます。物語に登場するキャラクターも同様です。多くの場合は正義の側として、倫理観と道徳観に基づいた行動でチームを引っ張ります。その行動原理はただひとつ、大義の達成です。

左頁には類似する属性として、義理堅い、実直、真摯、篤実、頼もしいとあります。これらからわかる通り、**「責任感が強い」人は、その真面目で真っ直ぐな性格から、信頼に値する存在であることは間違いありません。**

ただし、すべてがポジティブな属性というわけでもありません。「責任感が強い」＝「他人に厳しい」という側面を持つからです。あるいは「融通・応用が利かない」、「頑固」と揶揄される場合もあります。

そのためキャラクターとして描く際には、ポジティブ面だけでなく、反作用するネガティブ面にも触れることでリアリティが増します。たとえば、非常に「責任感が強い」敏腕刑事が主人公だとします。彼は犯人を逮捕することしか頭にないため、部下を死なせたり家族を傷つけたりと、多大な犠牲を伴います。そうした局面で彼がどのような葛藤と戦い、克服して再起するのかを突き詰めれば、人間性を深く追究した物語になります。

ポジティブ属性の反作用は、現実世界でもよく生じる軋轢（あつれき）なのです。

責任感が強すぎて、まわりが見えなくなる人がいる現実

NO.15

積極的【せっきょくてき】

［英：Active］

【言葉の意味】

確固たる意志を持ち、物事に進んで取り組む

【類似する属性】

能動的　活発　果敢　機敏　強気

【性格・人物像を表現する文例】

いつでも私を励まし、必ず助けてくれた彼には今でも感謝している。「積極的」な彼に出会えたことが、私にとっての誇りであり自慢です。

人物像・背景

- 小さい頃からいろいろな習い事をかけ持ちしていた
- つねに友だちの輪の中心にいる、存在感のある子どもだった
- 消極的だったことでチャンスを逃し、後悔した経験がある
- 何でも自由にやりたいことができる恵まれた環境で育った

性格的な思考・行動の傾向

- 新しいことにどんどん挑戦する
- 先進的な考えを持っている
- 人から強制されるのはイヤ
- 競争心が強い
- 人がやりたがらないことでも進んで行う
- 素早い判断で好機を逃さない
- フットワークが軽い
- つねにアンテナを張って情報収集に努める
- うじうじ悩まず、決めたことに体当たりで挑む
- リーダーとしてチームの意見をまとめて舵をとる
- 周囲に気を配り、時におせっかいを焼く
- 人とのコミュニケーションを大切にする
- 成し遂げたい目標がある
- 直感が冴えている
- 好奇心旺盛で、どんなときでも向上心や探求心を忘れない
- 困ったときにはまわりに助けを求めることができる

CREATOR'S FILE

頑なな意志力と果敢なチャレンジスピリットが強み

草食系という言葉が世に浸透して、どれくらい経つでしょうか。ガツガツしておらず、恋愛に「積極的」ではない、草食動物のように穏やかな人を指すことは、すでに周知のこととなっています。

P.93で〝頑張らない主人公がよしとされる時代〟と書きましたが、この草食系もまた多様性が叫ばれる昨今の風潮ゆえなのでしょう。

とはいえ、**物語における「積極的」なキャラクターの存在感は、いまだ健在です**。いわゆるリーダー的人物として、家族やグループを牽引する役目を担うタイプ。たとえば、地球滅亡やゾンビの蔓延といったディストピア（暗黒世界）を描いたハリウッド映画では、「積極的」に生き残ろうと最前線で奮闘する主人公が必ずといっていいほど登場します。

このポジティブ属性の最大の強みは、頑なな意志力と果敢なチャレンジスピリットです。自己犠牲をもいとわない「積極的」な行動で、どんな絶望的状況に陥ろうとも最後まで諦めずに戦い、体当たりで勝利を獲得します。パニックムービーの王道キャラともいえますが、果たしてこの先も存続するかは疑問が残ります。**グイグイ行きすぎるポジティブ属性より、消極的なネガティブ属性を好む草食系が増え続けるなら、頑張らないキャラのほうが「心に刺さる」と支持される時代が到来するのかもしれません。**

この先、必ずしもポジティブが好まれるとは限らない

NO.16

知的【ちてき】

[英：Intelligent]

【言葉の意味】
賢く、教養や知識が豊富である

【類似する属性】
賢明　聡明　合理的　理性的　論理的

【性格・人物像を表現する文例】
困ったときはまた祖父に聞けばいい。いつも必ず正しい道を教えてくれる。「知的」で聡明な祖父がいなければ、僕はとっくに挫折していただろう。

人物像・背景

- 子どもの頃は、外で遊ぶより家で読書する方が好きだった
- 本の読みすぎで視力が低下し、眼鏡をかけている
- 両親やきょうだいといった、家族との会話量が多い家庭で育った
- 文系や研究職、管理職など、ホワイトカラーの仕事をしている

性格的な思考・行動の傾向

- 物事の原因や理由が気になる
- チームの指揮を執る
- 効率的な方法を選ぶ
- 無謀な挑戦はせず、確実な勝利を目指す
- 寝食を惜しんで研究に没頭する
- 人に甘えるのが苦手
- 抜け目のない戦略を練る
- 目的地に着くまで不要な寄り道はしない
- 反対意見の人でもうまく説得できる論法を備えている
- 静かで心落ち着く空間を好む
- 本当に信頼している人とだけ打ち解けて仲良くする
- 淡々と冷静にしゃべる
- つねによい成績を維持する
- 過去から学び、先のことまで考え抜いて行動する
- ピンチに陥る前、万が一に備えての対策を講じる
- 世の中のあらゆるものを研究対象として捉える
- 目に見えるもの以外は信じない

CREATOR'S FILE

ポジティブ属性のなかでも普遍的な強さを誇る特質

賢者とは、道理に通じた知性あふれる人を指します。ファンタジー系物語ではお約束のキャラクターです。正義を導き、悪行や災禍を鎮めるべく、さまざまな力を駆使して主人公一派に手を差し伸べます。

この賢者＝「知的」キャラは、ファンタジーにとどまることなく、あらゆるジャンルの物語で必要性の高い、重宝される存在です。

なぜなら「知的」であることは、数あるポジティブ属性のなかでも普遍的な強さを誇る特質だからです。

多くの場合、「知的」キャラは、困っている主人公の力となって知恵やノウハウを授け、活路を見出す大切な役割を担います。青春系なら恋の悩みを聞いて的確なアドバイスを施し、ミステリー系なら犯人の重大な手掛かりを明示し、サスペンス系ならピンチを脱する名案をひらめきます。つまり、**「知的」キャラがひと肌脱ぐことで、膠着(こうちゃく)状態や危機から脱却できるというのが鉄則です。**これは読者も納得のパターンとして認めています。

というわけで、登場人物には必ず頼れる「知的」キャラを加えましょう。何かと役立つ存在として機能をします。ただし、主人公自体の「知的」レベルは、あまり高めないよう適度に調節してください。自分ひとりですんなり解決できれば、物語のハラハラドキドキが成立しなくなるからです。

ジャンルに応じて賢者キャラクターは柔軟に変化

NO.17

注意深い【ちゅういぶかい】

［英：Careful］

【言葉の意味】
何事にも油断せず、変化によく気がつく

【類似する属性】
慎重　心配性　用意周到　聡(さと)い

【性格・人物像を表現する文例】
ただのビビりだと馬鹿にしていたけど、おかげで危険な目に遭わずに済んだ。人は見かけによらない。誰もがそう感じ、「注意深い」あいつを見直した。

人物像・背景

- 人に変化を気づいてもらえてうれしかった経験がある
- 忘れ物が多く、親によく叱られて痛い目を見た過去がある
- 注意力散漫で失敗した経験がトラウマになっている
- 心理学に精通しており、人のしぐさに敏感

性格的な思考・行動の傾向

- まわりの人の髪型や服装の変化によく気がつく
- 考える時間が長い
- 人間観察にふけることがある
- 細かくメモをとる
- 日頃のスケジュール管理が徹底している
- 持ち物や服は出かける前日に準備しておく
- 万が一に備え、食品や日用品を家にたくさんストックしている
- 心を開くのに時間がかかる
- あれこれ気になって、外出する際にはつい荷物が多くなりがち
- 好意や戸惑いといった人の心の動きを敏感に察知する
- つねに綿密な計画を立てる
- 危険なことには首を突っ込まないようにする
- 安定や安全を好む傾向にある
- 先生や親のいうことをよく聞き、規律や規則を守る
- 守りに徹したのちに、隙をついて敵を仕留める

CREATOR'S FILE

変化に敏感な観察者としての側面を持つ

臆病なビビりキャラクターは、弱くて泣き虫で、ともすればネガティブ属性の塊のような残念な存在になりがちです。

ところが「注意深い」というポジティブ属性を与えると、物語に欠かせない貴重な役どころとして活躍します。

「注意深い」には、慎重、心配性という類似属性があります。つまり周囲の変化や空気の動きに敏感な観察者としての側面を持ちます。「注意深い」キャラが主人公と行動をともにすれば、当然まわりの状況をこと細かにチェックします。その性格ゆえ、読者も挙動を不自然に感じません。

これは物語の書き手にとって、とても便利な登場人物として役立ちます。**主人公をはじめ、その場にいる誰もが気づかない微細な変化でも、「注意深い」キャラなら察知し、「何かがおかしい」と自然な流れで伝えられるからです。**

また、「注意深い」キャラのトラウマを序盤でフラグとして立て、中盤以降でそのキャラがトラウマに関連する何かを察知して恐れおののけば、とんでもない事態が勃発する予兆として効果的な演出を施せます。

さらに、冒頭では臆病な印象を強調しつつ、物語後半で大いなる成長を描けば、読者から愛されるキャラクターとして育てられます。

洞察力に優れたキャラはストーリーの転調のトリガーになる

風向きが変わったぞ、
嫌な予感がする……
助けてくれ～

NO.18

忠誠的【ちゅうせいてき】

[英：Loyal]

【言葉の意味】
あるものに心を傾け、身を捧げる

【類似する属性】
献身的　信頼　誠実　律儀　従順

【性格・人物像を表現する文例】
新しい先生に対して、クラスの誰もが「忠誠的」な態度をとるようになった。彼の真っすぐな眼差しに心を奪われるのは、当然の結果かもしれない。

人物像・背景

- 親のいいつけにしっかり従う子どもだった
- 危機的な状況で人に助けてもらった経験がある
- 小さい頃、親が祖父母の介護をするのを手伝っていた
- 恩を仇で返して後悔した暗い過去を持つ

性格的な思考・行動の傾向

- 誰に対しても嘘をつかない
- 感情に左右されず理性的
- 一途に物事に打ち込む
- 丁寧な作業をする
- 規則正しい生活を送る
- きょうだいの面倒を見たり、動物の世話をしたりするのが得意
- 努力を惜しまない
- 一度心に決めたことはどんなことがあっても最後まで貫き通す
- 自分の意志よりも主人の命令を最優先して取り組む
- 堅実に暮らしたいと願う
- つねにストイックに自分の務めと向き合う
- どんな状況でもまわりの人に細やかな配慮ができる
- 与えられた恩を忘れず、それに見合った義務を果たす
- ラフな服装よりも、制服のようなかっちりした服装を好む
- マメで反応が早い
- 自身の欲望や利益を重要視していない

CREATOR'S FILE

「正」と「邪」という二極化した対立構図で描かれる

行動原理のひとつとして「忠誠的」があります。たとえば、勧善懲悪をポリシーとするヒーローなら、正義に対して「忠誠的」であるため、悪と戦います。

軍隊が敵国と戦闘するのは自国に対する忠誠心からですし、夫が毎朝定時に出勤して働くのは家族に対して「忠誠的」だからです。

誠実と献身の表れである「忠誠的」な資質は、それ自体がかけがえのない美徳で、尊敬されるべき姿勢といえます。ゆえに、読者の心を動かす一要素は登場人物たちの「忠誠的」な言動にあり、ストーリーを前へと動かす原動力にもなります。

しかし、一歩間違えば危険なネガティブ属性に転換します。悪しき権力や反社会勢力への「妄信的」あるいは「狂信的」なる依存です。たとえば、テロ指導者やカルト宗教の教祖に「忠誠的」な人々が増えれば、世界の秩序は崩壊し、混沌に満ちた世の中になってしまいます。

このように真逆の方向に振れる「忠誠的」は、しばしば物語において「正」と「邪」という二極化した対立構図で描かれます。**「忠誠的」となる対象はテーマやメッセージの根幹につながるため、しっかりと吟味してキャラクターの立ち位置を設定すべきでしょう。**

何に「忠誠的」なのかによって見方が変わってくる

NO.19

天真爛漫【てんしんらんまん】

[英：Simplicity]

【言葉の意味】
明るく純粋で、思うがままに振る舞う

【類似する属性】
純真　無邪気　素直　元気　お転婆

【性格・人物像を表現する文例】
またやってくれた。筋を通すのはよしとしよう。ただ、巻き込まれるこっちの身にもなってほしい。その「天真爛漫」さに、僕たちは困惑しているのだ。

人物像・背景

- 両親が陽気な人だった
- 世間知らずな箱入り娘
- 小さい頃は、外で自由に走り回って遊んでいた
- 学生時代はいつもクラスの輪の中心にいるような存在だった
- やりたいことは何でも、親が応援してくれた

性格的な思考・行動の傾向

- 子どもっぽいいたずらをする
- 思ったことを正直に口にする
- 感情が表に出やすい
- 変に飾らず、つねに自然体で振る舞う
- ハキハキしゃべる
- 多少おっちょこちょいなところがあるが本人は気にしていない
- 大人になっても童心を忘れない
- 好きなように行動し、結果として周囲を巻き込んでしまう
- 無防備で危なっかしい面がある
- 立ち塞がる困難も笑顔で乗り越えられる
- 他人からの評価を気にしない
- 家にこもっているのが苦手
- お人好しで騙されやすい
- 子どもや動物が好き
- 誰に対しても人見知りせず、人懐っこく接する
- はじめての場所でも怖がらず、心から楽しむことができる
- いつもと違うことがしたい
- 考えをころころ変えがち

CREATOR'S FILE

危うさを備えた紙一重のマイナス側面を持っている

心の赴くまま、自分のやりたいように振る舞う「天真爛漫」は、誰もが憧れるポジティブ属性のひとつ。明るく純粋な性格で、類似する属性を見ても、純真、無邪気、素直、元気、お転婆と、あらゆる束縛を受けない自由奔放なキャラクターをイメージさせます。

「天真爛漫」な主人公が縦横無尽に物語で動き回れば、読者は強い憧憬を抱きつつ、現実には真似できない行動力に拍手喝采することでしょう。この属性は、一途な恋に走る中高生のヒロイン役や、正義をまっとうすべく奮闘する若きヒーロー役に多く見受けられます。

一見すると、悩みのない陽キャに映るものの、じつは危うさを備えた紙一重のマイナス側面を持っています。左頁の性格的な思考・行動の傾向をご覧ください。〝思ったことを正直に口にする〟〝感情が表に出やすい〟〝無防備で危なっかしい面がある〟と、ひとつ間違えれば、厄介な要注意人物になりかねないネガティブ属性がいくつも並んでいます。

物語創作では二律背反するこの特性を利用します。**「天真爛漫」が功を奏する場面と、裏目に出てピンチに陥る場面を織り交ぜ、展開に緩急をつけるわけです。**このギャップは読者の感情移入を誘い、失敗からの脱却と人間的成長を描くにふさわしい流れを構築できます。

イケイケの陰に挫折を用意すると展開が盛り上がる

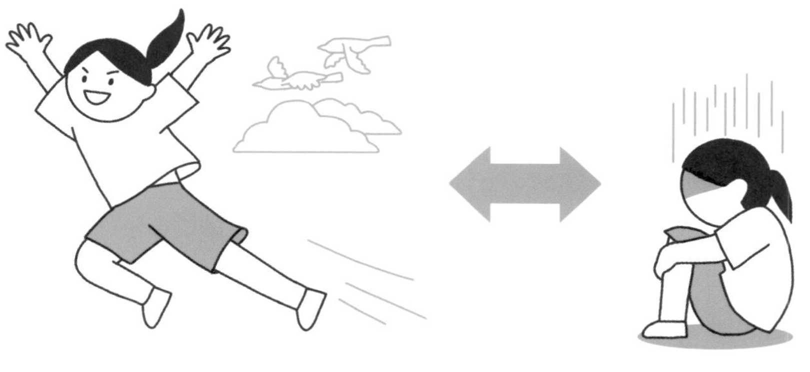

NO.20

賑やか【にぎやか】

[英：Lively]

【言葉の意味】

元気いっぱいで活気に満ちている

【類似する属性】

陽気　活発　朗らか　友好的　はつらつ

【性格・人物像を表現する文例】

「賑やか」でうるさい奴だけど、よく人のことを見ていると気づいて意外だった。しかも優しいところがあるし。もしかすると超いい奴なのかも。

人物像・背景

- きょうだいが多く、人であふれる活気に満ちた家庭で育った
- やんちゃな子どもで、両親や教師、近所の大人によく叱られた
- 外遊びが大好きな行動的で活発な子どもだった
- 営業職や接客業に従事している
- ムードメーカー的存在だった

性格的な思考・行動の傾向

- 身ぶり手ぶりが大げさ
- 声が大きく、豪快に笑う
- 社交的な場に足を運ぶ
- 知らない人ともすぐに打ち解けて仲良くなる
- ずっと楽しいことだけをしていたいと考えるときがある
- 会話の主導権を握る
- 優れた立ち回りで相手の懐に入り込むのが得意
- よく食べ、よく遊び、よく寝る
- じっとしていられない性分
- 警戒心が薄い
- 積極的に物事に取り組む
- アウトドア派
- 場の空気を和やかにする
- ひとりでいるよりも誰かと一緒に過ごしたい
- 記念日や誕生日のようなお祝い事やお祭りが好き
- 過去・未来に気を配るより、かけがえのない今を大切にする
- 疲れや不安を人に見せない
- 嫌なことは後回しにしがち

CREATOR'S FILE

〝人のため〟という大義を背負わすとぐんと魅力的なキャラクターに

快活で陽気、まわりにいる人たちを盛り上げる「賑やか」なキャラクターは、きっとあなたの学校や会社や友だちグループのなかにもいるはず。場の空気がどんより重くても、その人がいるだけで自然に活気づきます。

とにかく太陽のような存在感で、全員のテンションを引っ張り上げてくれるのが「賑やか」キャラの特徴です。

主要登場人物のひとりにこのキャラがいると、やはり物語が盛り上がります。その使い方は多様です。たとえば、主人公が大失敗を犯して落ち込んでいるときは、「賑やか」キャラの本領を発揮させ、立ち直らせましょう。展開が停滞して行き詰まったときに、みんなの気持ちを鼓舞しながら率先して行動を起こすのもこのキャラの務めです。

ひとりよがりに騒ぐだけなら、ウザくてはた迷惑な存在になりますが、〝人のため〟という大義を背負わすと、ぐんと魅力的なキャラクターに育ちます。さらに、陰で地道な努力を重ねていたり、自分を奮い立たせて明るく振る舞っていたりと、生真面目な意外性ある一面を持たせれば、さらに読者を惹きつけられます。**「賑やか」キャラは使い勝手がよく、融通の利く特性を備え持つため、ぜひ有効活用しましょう。**

「賑やか」キャラが突然泣くと、観客も一気に悲しくなる

NO.21

熱血漢【ねっけつかん】

［英：Enthusiastic］

【言葉の意味】

熱のこもった心意気で物事に取り組む男子

【類似する属性】

精力的　意欲的　勤勉　ひたむき　熱心

【性格・人物像を表現する文例】

再起のチャンスは訪れることはないとチーム全体が諦めかけていた。だが、「熱血漢」のリーダーの存在が、周囲の空気を一変させた。

人物像・背景

- 幼少期から野球一筋やピアノ一筋の生活を送っていた
- 親に遊びよりも勉強や習い事に力を注ぐよう育てられた
- 何かに全力をかけて取り組み、賞をもらった経験がある
- 研究職や人を救護する職に就いている

性格的な思考・行動の傾向

- 時を忘れて没頭する
- まわりが見えなくなる
- 猪突猛進の性格
- 感情的になりやすい
- 人の意見よりも自分の意思や考えを重視する
- 用意周到に準備する
- 努力は必ず報われると信じる
- 複数のタスクを同時に進めるより、ひとつに集中するのが得意
- 納得するまでトライし続ける
- 頑固で融通が利かない面がある
- 何事にも並々ならぬ熱量を注ぐ
- 忍耐力があり、物事を途中で投げ出さない
- 自分なりのこだわりがある
- モチベーションを保つのが上手
- 関心のある事柄は納得できるまで細部を調べ尽くす
- 寝る間も惜しんで修業に励む
- 日々のルーティンを決めて忠実に生活している
- 自分の立ち位置や現状をよく把握している

CREATOR'S FILE

ひとつ間違えれば諸刃の剣となる点をシビアに描写

まるで何かにとりつかれたように、真っすぐな心で物事に取り組む「熱血漢」。取り組んだその先には、向上や上達があり、さらに頂点へと向かえば、成功や自己実現といった〝夢〟の達成が待ち構えています。

志高く努力する姿は、非常に前向きで、揺るぎない覚悟を備えた究極のポジティブ属性といえるでしょう。

多くの青春熱血系物語では、「熱血漢」の主人公が何かに没頭し、宿敵としのぎを削って戦います。その過程では、過酷な試練に襲われ、熾烈な不幸に打ちのめされ、幾度となく逆境に立たされる主人公がいます。

ここで重要なポイントがあります。**とりつかれたように集中する姿勢は、ひとつ間違えれば諸刃の剣となる点をシビアに描写しなければなりません**。多くの犠牲を伴い、〝夢〟半ばで挫折すれば、影の世界に呑み込まれます。究極のポジティブ属性が、悲惨なネガティブ属性へと変わる、この現実的側面をリアルに捉えた描写が書き手の腕の見せどころです。

それほどの代償と引き換えにして不屈の精神で〝夢〟に突き進むからこそ、紆余曲折の末に叶う成功が感動を呼び、光ある世界を映し出します。

それには人間の向上心と挫折と欲望と愛情を見据えた力強いテーマを、物語の核として落とし込む構成力が求められます。

強い意志を持って ひたむきに頑張る姿は必ず応援される

NO.22

無口【むくち】

[英：Quiet]

【言葉の意味】
口数が少なく、落ち着いている

【類似する属性】
寡黙　もの静か　おとなしい　淑(しと)やか　冷静沈着

【性格・人物像を表現する文例】
めったに口を開かない「無口」な彼がおもむろに語ったのは、慈愛に満ちた言葉だった。私はそんな彼に対して、ときめきを感じた。

人物像・背景

- 親が寡黙で、あまり会話の多くない家庭だった
- 身内が大人ばかりで、同年代の話し相手がいなかった
- 勉強が得意で、学年1位に輝いたことがある
- 小さい頃は家でよくひとり遊びをしていた
- 信頼していた人に裏切られ、心を閉ざしてしまった過去を持つ
- 公務員のような堅実な仕事に就いている

性格的な思考・行動の傾向

- 大きな声を出すのが苦手
- インドア派
- 感情を表に出さない
- 学校の休み時間はもっぱら読書をしている
- 派手な服や露出度の高い服をあまり好まない
- 安全策を優先する
- 即決せずに熟考する
- 争いごとは極力避ける
- 自分からは人に話しかけない
- お金は慎重に使う
- 責任を持って物事に取り組む
- 誠実な対応を心がける
- パズルやクロスワードといった思考型のゲームを好む
- 一歩引いたところからチームを陰で支える
- あれこれ手を出すよりも、ひとつのことを突き詰める

CREATOR'S FILE

真逆の属性に一転させれば読者に強烈な衝撃を与えられる

寡黙な人とは、いったい何を考えているのか、どこか計り知れない部分があります。まわりへの意思表示が少ないだけに、性格がわかりにくく、掴みどころのない人物だと思われても仕方ありません。

物語でも同様です。**「無口」なキャラクターは特長を出しにくいため人物像の描き方が難しく、書き手泣かせといわれます。**台詞自体のボリュームがないので、存在感を示す描写は地の文が主体となり、感情や個性を伝えにくいことも。そのため読者の印象度は薄くなりがちです。

ただし、役柄によっては「無口」なキャラクターを重要な存在に置き換えられます。たとえば、殺人事件の重大な秘密を知っていたり、主人公の知られざる過去を目撃していたりと、誰も知らない情報を握っているがゆえ、あえて口数の少ないキャラを演じていたのなら読者も納得します。要は「無口」である理由や背景を設定すればいいわけです。

また、普段は波風を立てない穏やかな人を、ギャップの激しい真逆の属性に一転させれば、読者に強烈な衝撃を与えられます。ミステリーでよく用いられる手法です。そのためには、あえてフラグを立てて読者をミスリードし、今度は一気にそれを覆す想定外の結末を用意するなど、二転三転する綿密な構成と、高度に計算されたプロットが必要となります。

普段「無口」な人のひと言はインパクトがある

NO.23

優しい【やさしい】

[英：Kind]

【言葉の意味】
思いやりの心を持ち、物腰が柔らかい

【類似する属性】
親切　柔和　穏やか　和やか　献身的

【性格・人物像を表現する文例】
彼女は「優しい」と評判で、みんなに愛されている。それは人間だけでなく、彼女が飼っている犬や猫も同じ気持ちを抱いているようだ。

人物像・背景

- 人からの言動に深く傷ついた経験がある
- 小さい頃から動物と一緒に育ち、命の大切さを学んだ
- 弟・妹がやんちゃで、よく怪我の手当てをしてあげていた
- 友だちの間ではお母さん的存在で面倒見がよかった
- 親からの愛情をたっぷりと注がれて育った
- 児童養護施設で育ち、小さい子たちの親代わりだった

性格的な思考・行動の傾向

- 家族や友人などまわりの人を大切にする
- 困っている人を見たら放っておけず、手を差し伸べる
- 聞き役に回ることが多い
- 心が広く、人の話に共感できる
- 相手を第一に考えて行動する
- 他人が嫌がることはせず、波風を立てない
- 流されやすく、騙されやすい
- 誰にでも平等に接する
- 言動にトゲがなく、攻撃的な態度をとらない
- 自分の利益を重要視しない
- 周囲の状況をよく見ている
- 人との縁を大切にし、つねに友好的に接する
- 人のために、自分が得たものを躊躇なく譲ってあげる
- 自分の境遇に満足している

CREATOR'S FILE

別側面の感情を引き出して ギャップの妙を人格面に付加すべき

毒にも薬にもならないのが、物語に登場する「優しい」キャラクターです。「優しい」ことがNGなのではなく、ただ「優しい」だけならキャスティングする理由が見当たりません。

なぜなら「優しい」という性質は、誰もがどこか一面に備え持つ、人間なら当たり前のものだからです。この性質単体で面白く、印象に残る人物を造形するのは無理がありますし、誰に対しても「優しい」キャラは現実的でなく、作為的なつくりものの域を出ません。

よって、物語で「優しい」キャラを描くなら、一歩も二歩も踏み込む必要があります。例を挙げるなら、「どんな人に対して優しいのか？」「優しくなるとどういう行動に出るのか？」「優しくする理由は何なのか？」というふうに、その固有の傾向を深掘りしてじっくり描くべきです。

あるいは「優しい」キャラを激怒させたり、号泣させたりと、別側面の感情を引き出して、ギャップのある場面を描くべきでしょう。

そういう視点で捉えるなら、凶暴で強面の極道が、ある瞬間に見せる情け深い優しさは、読者の心に鮮烈な何かを植えつけます。**悪人がじつは善人的一面を持つという意外な設定は物語に深みを与え、強い印象を残す効果があるのです**。覚えておくと、かなり便利な手法です。

悪人に『SAVE THE CAT の法則』を使うと効果絶大

NO.24

野心家【やしんか】

[英：Ambitious]

【言葉の意味】

大望を抱き、貪欲に追い求めていく

【類似する属性】

意欲的　積極的　押しが強い

【性格・人物像を表現する文例】

下剋上ともいえる謀略をめぐらす「野心家」の彼は、いつか本当に天下を取るかもしれない。根拠はないが、そう思えてしまう雰囲気があるのだ。

人物像・背景

- 目標を自力で達成した成功経験を持つ
- チャレンジ精神旺盛で気が強く、怪我をしても泣かない子だった
- 機会に恵まれず、悔しい思いをした経験がある
- 競争の絶えない過酷な環境でつねに戦いながら成長した

性格的な思考・行動の傾向

- 自分を売り込むのが得意
- 向上心が強く、欲望に忠実に生きることが美徳と考えている
- ひとつのことを最後までやり遂げる意志の強さがある
- やると決めたら思い切りがよく、失敗を恐れない
- 目標達成のために必要な労力や手間は惜しまない
- 守備よりも攻撃を好む
- 向こう見ずな一面がある
- 合理的な方法を優先する
- 自分の意志や欲求を最優先に考えて行動する
- 目指す結果を出すためには手段を選ばず突き進む
- 目標達成までの過程よりも、成果や効率を重視する
- どんな経験からも何かを学ぼうとする積極的姿勢がある
- ちょっとやそっとではへこたれない精神力を備えている
- 協力者や支援者への感謝の気持ちを忘れない

CREATOR'S FILE

物語における方向性が二分されることを証明している

日米の創作作品で「野心家」キャラの描き方が違うと感じるのは私だけでしょうか？　これはあくまでイメージなので、具体的にどの作品がどうだったという論評はここでは割愛させていただきます。

とはいえ、ハリウッド映画に登場する「野心家」の主人公は、才知と努力で組織の頂点まで昇り詰め、ラストはハッピーエンドで終わるパターンがとても多い気がします。つまり「野心家」＝ヒーローという図式です。

一方、日本の小説や漫画や映画では、「野心家」＝ヒールという図式が鉄板です。「野心家」なのは主人公ではなく悪役であり、大掛かりな征服劇を貪欲に目論みながらも、正義の味方の主人公に野望を打ち砕かれて頓挫するというパターンです。

いずれにせよ、日米での「野心家」キャラの扱い方は、物語における方向性が二分されることを証明しています。かたやヒーロー、かたやヒール。**「野心家」とはポジティブとネガティブの両極端な属性であることは間違いありません**。あとは書き手の倫理観や道徳観、先入観によるのでしょう。

蛇足ですが、アメリカは侵略によって先住民から土地を強奪して国家を成立させました。もしかすると「野心家」像のルーツはここにあるのかもしれません。

「野心」の捉え方が対照的な日本とアメリカ

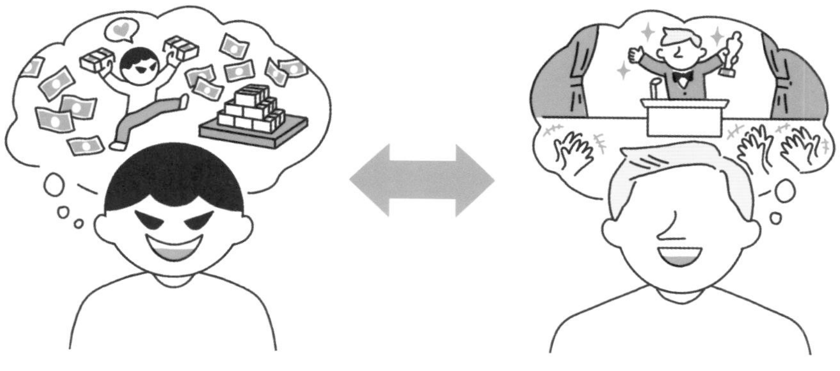

NO.25

ユニーク【ゆにーく】

[英：Unique]

【言葉の意味】
唯一無二で、ほかに並ぶものがない

【類似する属性】
独特　個性的　前衛的　非凡　天才肌

【性格・人物像を表現する文例】
いつもはハチャメチャなのに、友だちのためなら自らの危険をいとわない、あの性格。やっぱり奴はすごい。ただの「ユニーク」な男じゃないんだ。

人物像・背景

- 小さい頃は、自分で新しい遊びを発案して楽しんでいた
- 自分の描いた絵がコンクールで入選した経験がある
- 周囲にいる人たちを笑わせながら生きてきた
- 才能を存分に伸ばせる環境を幼少期から与えられていた
- 芸術分野や専門的な理系分野で活躍している
- 家庭に抑圧的な考えがなく、のびのび育った

性格的な思考・行動の傾向

- 何をいわれようと、気の済むまで物事を追究する
- 現実よりも未知なることについて考えるほうを好む
- コミュニケーション能力はあまり高くない
- 人の真似をせず、我が道を進む
- 独自の視点で物事を捉える
- ある分野に没頭しがちな性分
- まわりの人の目を気にしない
- 前例のないことにも臆せず果敢に挑戦する
- 興味のあることには前のめりだが、それ以外のことには無頓着
- 自由奔放で、突発的に行動する
- あまり人の話を聞いていない
- 人を笑わせるのが好き
- 興奮すると早口になる
- チームが難題に直面した際に突破口を思いつくタイプ

CREATOR'S FILE

信条や信念、哲学をきちんと設定して人格者である点を強調する

自分を信じて我が道を突き進む、型破りで「ユニーク」なキャラクターは、理屈を超えたカリスマ性と魅力を備えているもの。

多くの方はその生き方やスタイルに憧憬を抱き、映画や漫画に登場する「ユニーク」な主人公に自らを投影した覚えがあるはずです。

- **まわりの人の目を気にしない**
- **前例のないことにも臆せず果敢に挑戦する**
- **自由奔放で、突発的に行動する**

左頁の性格的な思考・行動の傾向を見ても、憧れる特性が目立ちますが、いわゆる〝愛されキャラ〟でもある「ユニーク」な人物を主役に据えて描く際は、その行動力や決断力だけにフォーカスしてはいけません。**信条や信念、哲学をきちんと設定し、人格者である点を強調しましょう**。単に「ユニーク」な人なら、ともすれば自分勝手な無責任人間という、ネガティブ属性に変換されてしまうからです。

情に厚くてまわりの人を大切に思う、優しい心根を伴ってこそ、我が道を突き進む「ユニーク」なキャラクターの魅力が読者に伝わります。行動の原動力が友情や愛情に基づくものだという、人間味のある部分を強調することで、大いなる共感や応援を誘えるでしょう。ここが肝心です。

普段は「ユニーク」でも〝やるときはやる〟キャラが魅力的

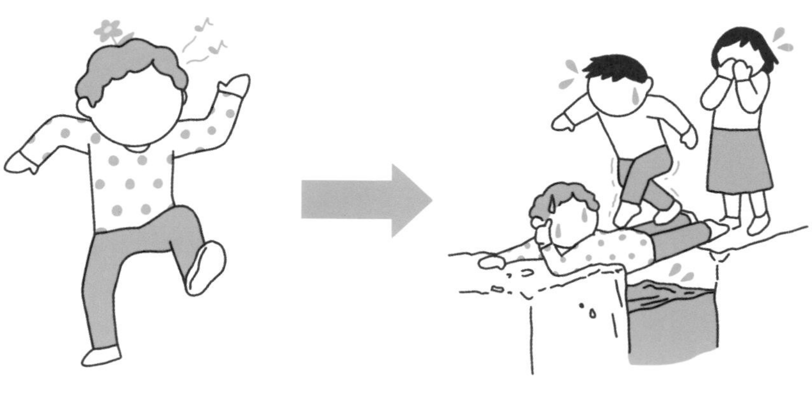

NO.26

のん気【のんき】

[英：Optimistic]

【言葉の意味】
物事に対して無頓着で、気楽に構えるさま

【類似する属性】
楽観的　自由　前向き

【性格・人物像を表現する文例】
ほんと「のん気」だなあと思っていたら、案の定失敗したようだ。それでもあの性格は直らないだろう。彼はいつも、根拠のない自信を持っている。

人物像・背景

- 転校しても、クラスメイトとすぐ仲良くなれる子だった
- ほのぼのとした穏やかで平和な家庭で育った
- 諦めずに挑戦し、大きな困難を乗り越えた経験がある
- 引っ込み思案でマイナス思考な幼なじみを反面教師にしている
- これまでギリギリの状況でも何とかなることが多かった
- 昔からクラスのムードメーカー的存在だった

性格的な思考・行動の傾向

- 人を疑うよりも、信じることに重きを置いている
- 考えるよりも先に体が動く
- 自己評価が高い
- 型に囚われすぎない
- ピンチのときでも仲間を励まし、応援する
- 物事のよい側面に目を向ける
- 自信にあふれ、時には大胆な行動に出る
- いつも笑顔を絶やさず、場の空気を和ませる
- くよくよせず、つねに晴れやかな心持ちで行動する
- 目標に向かってまっすぐ突き進んでいく
- 余裕のある態度で人と接する
- どんなときも自暴自棄になることなく、希望を抱いている
- 前進あるのみの姿勢を貫く

CREATOR'S FILE

許容範囲の狭い残念な特性と捉えたほうがいいかも

用意周到な設定と伏線回収がなければ、「のん気」な登場人物をむやみにキャスティングすべきではありません。何の根拠もなく「大丈夫、きっとうまくいくでしょ」と前向きに主人公を励まし、あっけなく悪い方向へ陥ってしまえば、読者は裏切られた感でいっぱいになります。

あるいは、励まし通りにすんなり事が運んだとします。それはそれで「現実はそんな甘くないって」と、読者はまたも裏切られた感を抱くでしょう。

つまり、「のん気」な意見やアドバイスをするなら、その裏づけなくして読者は納得しないということ。たとえば、その人物に予知能力があるとか、タイムリープして結果を知っているとか、分析能力に長けているとか、キャラ造形を確定したうえで根拠を明確にしましょう。

こう考えると、ポジティブ属性であるはずの「のん気」は、じつのところ許容範囲の狭い残念な特性であると捉えたほうがいいかもしれません。

一方、ネガティブ属性としては汎用性の高い使い方があります。ホラー映画に出る脇役が「平気平気。サイコキラーなんているわけないじゃん」と、のん気な言葉を吐けば、その時点で死亡フラグが立ちます。その思考が命取りになるわけです。この手のパターンが周知のせいか、**「のん気」であることは悲観的結末を招きやすいという残念な傾向があります。**

いつもまわりを心配させる「のん気」な人

NO.27

礼儀正しい【れいぎただしい】

［英：Polite］

【言葉の意味】
礼節をわきまえており、相手への気配りに長けている

【類似する属性】
たおやか　恭しい　丁寧　誠実　上品

【性格・人物像を表現する文例】
あの人の「礼儀正しい」姿勢にはいつも恐れ入る。しかも真心がこもっているからだろう。話しているだけで気持ちが伝わってきて、ほっこりする。

人物像・背景

- 小さい頃から礼儀やマナーをしつけられた
- 聞き分けがよく、手のかからない子どもだった
- 剣道や空手道など、武道を習っていた経験がある
- 上下関係の厳しい部活動に所属していた
- 礼儀を重んじるお堅い仕事に従事している
- 代表として責任感ある役割を任せられることが多かった

性格的な思考・行動の傾向

- 言葉遣いや所作が美しく、基本は誰に対しても敬語を使う
- 挨拶がきちんとしている
- 言動に誠意がこもっていて、信頼に値する
- 優秀で、何事もそつなくこなす
- 節度のある態度で人に接する
- 困っている人にさりげなく手を差し伸べる
- 人から施された恩を忘れない
- まわりの人の目を気にしがち
- 機嫌が悪くても表面上は笑顔
- 人の意見を尊重する
- 玄関では必ず靴をそろえてから家に上がる
- 身だしなみが整っている
- 背筋がピンと伸びて姿勢が良い
- 人に順番を譲ってあげる
- 礼儀作法やマナーなどの教養が深く、そつがない

CREATOR'S FILE

あくまで深い心遣いと細やかな気配りが重要

礼節を重んじる「礼儀正しい」人に会うと背筋が伸び、自分もそうありたいと思うものです。これは現実世界でも物語世界でも同じこと。一見地味ですが、**「礼儀正しい」所作を特徴とするキャラクターを描けば、人としての素晴らしさを伝えられ、好印象を与えられます。**それには台詞や動作にちょっとした描写を加えるだけで十分。特に地の文であれこれ冗長な説明をする必要はありません。

しかも「礼儀正しい」特徴は、人の内面を浮き彫りにできます。性格、育ち、学歴、教養、信条、家庭環境、社会的地位——人格形成に至るさまざまな要素をほのめかして、奥行きのあるキャラクター造形を可能にするのです。

ただし、描写するうえで注意点があります。**「礼儀正しい」アピールはくどくど繰り返すべきではありません。**要所要所でさりげなく表現するだけにとどめましょう。なぜなら、日本人にとって「礼儀正しい」美徳とは、「奥ゆかしい」徳性と直結するからです。あくまで深い心遣いと細やかな気配りが重要なポイントとなります。

思慮深い人格者にネガティブな属性は見当たりませんが、「礼儀正しい」節度の一端にほろりとさせる人情を滲ませれば、さらに好感度アップ。誰からも好かれる、上質な「キャラ立ち」を実現します。

「礼儀正しい」と「慇懃無礼(いんぎんぶれい)」はまったく違うので気をつけたい

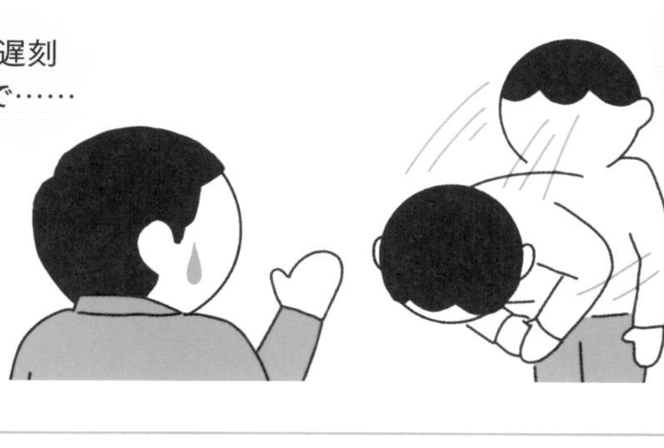

1分の遅刻
くらいで……
弁解の余地もございません。誠に申し訳ございませんでした。

慇懃無礼：
言動が丁寧すぎて、かえって無礼であるさま

COLUMN 3

創作者にとって礼儀とコミュ力もまた必須能力のひとつ

前頁を受け、礼儀と物語創作の関係について二方向からお話しします。

まずひとつ目。創作者が綴る文章には、その人間性が色濃く出るものです。今までに培われた知識や常識、道徳心、価値観が、物語に登場するキャラクターや台詞からも滲み出ます。また、書き手がポジティブ思考なら、もちろん執筆するストーリーは前向きな展開となり、逆にネガティブ思考なら、悲観的で希望の薄い話となりがちです。そして、礼儀正しく礼節をわきまえた人の文章は美しく、読む人に対する気遣いがあふれているもの。対して、非礼かつ無礼な人の文章は、やはりその人となりが反映されます。どちらが創作者として有利かといえば、いわずもがな前者でしょう。

もしあなたが本気で物書きを目指しているなら、日頃の生活態度や常識、道徳心といった、人として当たり前の礼儀・考え方を強く意識すべきです。意外と知られていませんが、新人賞の応募作品を選考する際も、基準のひとつには常識的感覚が備わった創作者か否か、という観点があり、それに則って査定されます。

２つ目は、創作者にとってコミュニケーション力は必須能力だということ。仮にデビューが決まれば、その先は出版社の編集者との二人三脚がはじまります。作品刊行までは編集者や関係者との密なやりとりの連続です。嫌われてしまえば、当然作品のクオリティに悪影響を及ぼします。さらに創作のために赴いた取材先では、初対面の人との会話から大切な情報を引き出さなければなりません。ここでもコミュ力が問われます。

作家になれば物語だけを書いていればいい、と思われがちですが、それは大きな間違い。あらゆる局面で礼儀とコミュ力が問われる世界なのです。

PART.4

語彙力でキャラクターの性格を表現する
～ネガティブ編～

本章のPOINT

PART.4

性格を表現する語彙〜ネガティブ編〜

PART.3で紹介したポジティブ属性と対をなすネガティブ属性は、物語における「正」と「負」の二極の対比構造のうち、「負」を担っています。なかでも、主人公の敵役がこのネガティブ属性にあたり、主人公の「正」を際立たせる役割があるのです。

また、人はポジティブな要素だけで成立しているわけではありません。**誰しもネガティブな側面、つまり弱点を持っているものです。**たとえポジティブな主人公であっても、何かしらの弱点があり、それをしっかり描写することで人間らしさが生まれ、物語にリアリティが出てきます。主人公の弱点に共感し、キャラクターに感情移入する読者もいるでしょう。

ポジティブというプラスの要素だけでなく、ネガティブというマイナスの要素を取り入れることは、キャラクターを生きたものにし、物語としての完成度も高めることができる非常に重要なポイントだといえます。ネガティブの描写が適切でなければ、全体的にぼんやりとしたキャラクター、ひいては物語になりかねません。

PART.4では、そんなネガティブ属性に焦点を当てて紹介しています。本章を参考に、敵役をどんなネガティブ属性として描くか、また各キャラクターにどんな弱点を設定するか、考えてみましょう。あわせて、PART.3のポジティブ属性と読み比べていただくと、より深みのあるキャラクターづくりに活かせるかと思います。

NO.01

浅はか【あさはか】

[英：Foolish]

【言葉の意味】

考えが不十分で、思慮が足りないさま

【類似する属性】

軽率　馬鹿　愚か　向こう見ず　安直

【性格・人物像を表現する文例】

「放っておけるわけないだろ！」そういって彼は走り出す。みんなに見放されたあいつを助けに行くなんて。「浅はか」な性格ゆえの自業自得なのに。

人物像・背景

- 生来怠け者で熟考しない性格
- 両親から過剰な愛情を注がれてきて、何でも許されてしまう温室育ちの環境で成長した
- 過去に常識やモラルのなさを誰からも指摘されてこなかった
- すぐに感情的になる性格の両親に育てられた

性格的な思考・行動の傾向

- 決断するときに深く考えない
- 物事の本質を見抜けない
- 人に騙されやすい
- 正しさより、ラクかどうかを意思決定の基準にする
- 根拠のない自信に満ちている
- まわりのアドバイスをまったく聞き入れようとしない
- 注意散漫な傾向にある
- 同じ失敗を何度も繰り返す
- つねに自分が正しいと考え、それを信じて疑わない
- まわりの人のことをよく知ろうと努力しない
- 思ったことをすぐに口に出し、人を困惑させる
- やりたいと思ったことは後先考えることなく行動に移す
- 無謀なことに挑戦する
- 簡単に気持ちが揺らぐ
- 困難な状況に陥ったときは、第三者に責任転嫁する
- 人に騙されていてもすぐには気づくことができない

CREATOR'S FILE

致命的な欠点を抱えながらも物語創作では確かな役割がある

軽率で軽薄なネガティブ属性の「浅はか」キャラは救いようがありません。日常的に失敗や間違いを繰り返しながらも、本人に自覚がないため、改善の余地すらないでしょう。この手の人は明らかに周囲の状況が見えておらず、あらゆる外的視点を失っています。さらに愚鈍な性格ゆえ、人に迷惑をかけても他人事です。その結果、人の目標達成を阻害することもしばしばあり、やがて誰からも見放されてしまいます。

このように、**致命的な欠点を抱える「浅はか」キャラですが、物語創作では確かな役割があります**。それはトラブルメーカーならではの、スイッチとしての役割。

通常、物語にはストーリーの転換点が用意されています。主人公がピンチとなり、波乱が巻き起こる章へと突入するプロットポイントです。ここで「浅はか」キャラが本領を発揮します。**たとえば、このキャラのうっかりミスのせいで、あるいはこのキャラを助けるために、正義感あふれる主人公が窮地に立たされる状況をつくれば、じつに自然な流れでドキドキハラハラの展開へと向かいます**。読者は「ああ、ついにあいつのせいで！」と、怒りをドジな「浅はか」キャラにぶつけつつも、目が離せない展開に嬉々とします。『馬鹿と鋏（はさみ）は使いよう』ということわざの通りです。

危機的場面が似合う「浅はか」キャラを有効活用しよう

NO.02

甘えん坊【あまえんぼう】

［英：Spoiled］

【言葉の意味】
他人の善意に期待して、頼る気持ちが強いこと

【類似する属性】
未熟者　甘ったれ　ひよっ子　駄々っ子

【性格・人物像を表現する文例】
「キヒヒヒ。これで人類を滅亡させてくれるわ」そういって博士は最終兵器を撫でたかと思えば、直後には「3時のおやつ、まだー？」とせがんできた。

人物像・背景

- ひとりっ子、もしくは末っ子
- 両親に甘やかされてきた
- 好きなことを何でもさせてもらえる環境で育った
- きょうだいのなかの唯一の女の子
- 幼い頃から両親や兄、姉に頼りがちで依存心が強い
- きょうだいと共依存関係にある
- 幼い頃に両親を亡くし、ずっと寂しい思いをしてきた

性格的な思考・行動の傾向

- 自分の感情や欲求に素直すぎる
- 嘘泣きをして他者を困らせる
- 人を思い通りにコントロールしたいという欲求が強い
- お金や地位などを努力せずに手に入れたいと考える
- 浪費癖がある
- まわりの人との距離感が近い
- 人が持っているものを欲しがる
- 相手が要求に応じてくれないと関係を断つことをほのめかす
- 独占欲が強い
- すぐに言い訳をする
- 新しいものが大好き
- 都合の悪いことはすぐに忘れる
- 自分以外の人が注目を浴びている状況をひどく嫌う
- 感情が高ぶると理性を失ってパニックを起こすことがある
- 嫉妬深い一面を持つ
- 喧嘩すると過去の出来事を引き合いに出す

CREATOR'S FILE

狂気的な悪役に担わせることで意外なほど「キャラ立ち」する

欲望に忠実な「甘えん坊」は、時としてエゴの塊に映ります。物欲、嘘泣き、浪費癖、独占欲、嫉妬——左頁の性格的な思考・行動の傾向を見ても、未成熟で思慮に欠け、人格的な偏りが明らかです。いわゆる〝厄介なキャラクター〟であることは間違いありません。

このネガティブ属性を物語で活かすには、狂気的な悪役に負わせることです。意外なほど「キャラ立ち」してくれます。

最たる例が、近未来系やSF系のハリウッド映画に登場するマッドサイエンティストではないでしょうか。気の触れた天才科学者が、地球征服や人類滅亡を目論み、危険な兵器を研究・開発して世間を騒がせますね。

このような常軌を逸した天才科学者には、「甘えん坊」属性がジャストフィットします。たとえば、いい年の大人なのに幼児性が抜けず、急に怒鳴ったり笑い出したり、はたまた主人公に追い詰められて窮地に陥れば嘘泣きで命乞いをしたりするのです。理解しがたい行動の源には「甘え」が見え隠れし、常軌を逸したキャラと見事なまでに親和します。

ただし、**悪役＝「甘えん坊」という構図はむやみに活用すべきではありません。**ナンセンスになるからです。あくまで天才が「甘えん坊」で気が触れているという、意外なギャップに面白味がある点を理解しましょう。

極端な組み合わせがキャラを際立たせる

NO.03

いい加減【いいかげん】

[英：Disorganized]

【言葉の意味】

物事に対して投げやりで、中途半端なさま

【類似する属性】

でたらめ　無秩序　無責任　おろそか

【性格・人物像を表現する文例】

また遅刻だ。あの人の「いい加減」さにはうんざりしている。何度注意しても全然直らないから余計に腹が立つ。いったい何を考えているんだろう。

人物像・背景

- 複雑な家庭環境で育ったため、愛情に飢えている
- 過去に大切な人を失った経験があり、立ち直れていない
- 叱ってくれる人がいなかった
- 今まで大きなピンチに陥ったことがない
- 戦争や飢餓など生命にかかわる悲劇的な出来事を体験し、生きる希望を失っている

性格的な思考・行動の傾向

- 部屋が散らかっている
- お金の管理ができない
- 人と協力して物事に取り組むことが苦手
- 約束を忘れることが多々ある
- ドアノブに鍵を挿したまま出かけてしまうことがある
- デスクはつねに乱雑な状態
- 人の期待に応えようとしない
- 気楽に暮らす人生を望む
- 会社勤めが長く続かない
- 誕生日や記念日などの大切なイベントを平気ですっぽかす
- 物をすぐになくす
- 締め切り直前になって焦る
- 物事に優先順位をつけて行動することが苦手
- 頻繁に遅刻しても反省しない
- 物事の大局に興味がない
- 常識やルールを軽視している
- 人の感情を察することができずすぐに怒らせてしまう

CREATOR'S FILE

敵味方関係なく有利なほうに流されるご都合主義

完成された人格と属性の登場人物ばかりだと物語のリアリティに欠けます。登場人物たちの善悪がきっちりと分かれすぎていても、作為的な不自然さが浮き彫りになるでしょう。

フィクションストーリーはたとえつくりものであっても、事実のように語られてこそ読者の心に響き、感情移入と共感を誘うもの。コース料理で箸休めの一品があるように、**登場人物のラインナップに緩急をつけることで、適度なバランス感が生まれ、リアルな人間関係を構築できます。**

そこで起用するのが「いい加減」キャラ。でたらめ、無秩序、無責任な人物です。はっきりいって何の役にも立ちません。そればかりか展開を引っ掻き回し、主人公の進む道を遮って読者をイライラさせます。さらには敵味方関係なく、有利なほうへと流されるご都合主義にもうんざりするでしょう。こういう人、きっと現実世界のあなたのまわりにもいるはずです。

「いい加減」キャラは「あるある」な人なのです。小説や漫画を読んでいて、「ああ、こんな人いるよな」と深くうなずくことがありませんか？読者にそう思わせれば、物語への感情移入度がじんわり高まっていきます。

これが「いい加減」キャラの有効活用法です。はた迷惑な存在ですが、「いい加減」な性格を逆手に取れば、むしろ「良い加減」でまとまります。

読者をイラッとさせるのが「いい加減」キャラの役目

NO.04

意気地なし【いくじなし】

[英：Weak-willed]

【言葉の意味】
困難に打ち勝つ強さがないこと

【類似する属性】
気弱　根性がない　気力がない　ふがいない

【性格・人物像を表現する文例】
自分の考えをゴリ押しすることもなければ、反対意見を述べるでもない彼は、なぜか社内で評判がいい。「意気地なし」だと思っているのは私だけ？

人物像・背景

- 幼い頃から他人と比べられ、劣等感を植えつけられてきた
- 支配的な両親のもとで育った
- 子どもの頃はいじめられっ子でクラスからハブられていた
- 過去の大きな失敗によって挫折し、自信を失っている
- 両親や祖父母から叱られることなく、過剰なほどの愛情を受けて育った
- 大切な人に裏切られた経験があり、自暴自棄になっている
- 幼い頃から体が弱く、内向的な性格だった

性格的な思考・行動の傾向

- 自分の意見をいう前にまわりの意見に耳を傾けてしまう
- 人から頼まれたことを断れず、自分で自分の首を絞める
- 地位の高い人や強い人のそばにいようとする
- 目立った言動をしないように細心の注意を払う
- 他人の意見に安直に従う
- 人の反応をうかがってから、おそるおそる反応する
- 都合のいい人として、誰からもこき使われてしまう
- 正しさよりもその場の雰囲気で物事を判断する
- 簡単に騙される
- 他者への依存心が強い
- 影響力のある人に媚びる

CREATOR'S FILE

〝時代にそぐわない〟という理由で評価されずに終わってしまう

時代の流れなのか、「意気地なし」キャラが見直されつつあります。かつてなら〝男らしくしろ〟〝根性を見せろ〟〝度胸を出せ〟と、いじられ罵倒されがちなタイプでしたが、今はそんな昭和っぽい揶揄は聞かれません。むしろ〝それはそれでいいんじゃね〟という肯定的な意見のほうが大多数でしょう。左頁の性格的な思考・行動の傾向から抜粋した以下の特徴を見ても、その理由は明らかです。

- **自分の意見をいう前にまわりの意見に耳を傾けてしまう**
- **目立った言動をしないように細心の注意を払う**
- **正しさよりもその場の雰囲気で物事を判断する**

現代でこれらの傾向はネガティブ属性というより、人としてあるべき美点として捉えられています。 物語創作においてはこういった時流の機微を敏感に察知すべきでしょう。読者に支持される好感度の高いキャラクター像を理解していなければ、せっかく完成させた作品が〝時代にそぐわない〟という理由だけで評価されずに終わってしまうからです。

昨今、あらゆる作品は『時代との接点』『時代にマッチする空気感』という非常に曖昧な査定基準に左右されます。**今、何がポジティブで、何がネガティブなのか、つねに時代を読み解く鑑識眼が書き手には必要です。**

現代の読者の共感を誘う意気地なしキャラ

NO.05

疑い深い【うたがいぶかい】

［英：Suspicious］

【言葉の意味】
明確な根拠がないにもかかわらず、人を疑うこと

【類似する属性】
懐疑的　用心深い　斜に構える　細心

【性格・人物像を表現する文例】
何を考えているかわからない、不気味な人である。しかも嘘を見抜く能力に長けていて油断ならない。とはいえ、味方なら頼もしい存在に一転する。

人物像・背景

- 安全とはいえない環境にいる
- 大切な人に裏切られた経験があり、人間不信に陥っている
- 詐欺にあった過去を持つ
- 腐敗した社会に身を置いている
- 懐疑的な両親のもとで育った
- まわりに意地汚い人が多い
- 子どもの頃にいじめられた経験があり、人を信じてはいけないと考えるようになった

性格的な思考・行動の傾向

- 人と距離を縮めることが苦手
- 自分を騙していないか、探るような質問をする
- すぐにかっとなる直情的な一面がある
- 人が話しているのを見て、自分の悪口をいっているに違いないと疑ってかかる
- 何事も証拠がないと信じることができない
- 人の嘘を見破ることができる
- 直感が異様に鋭い
- すぐに人を信用するお人好しが嫌い
- 個人的なことを人に知られるのが苦痛
- 自分が本当に安心できる居場所を持っていない
- PC やスマホのパスワードを頻繁に変える
- 行動する前にリスクを洗い出す
- パーソナルスペースが広い

CREATOR'S FILE

物語世界では意外にも活躍の場が多く重要な役割を担う

猜疑心に満ち、他人を信用しようとしない「疑い深い」性格の人は疎ましい存在です。できればお近づきになりたくありません。

ところが学校でも会社でも、お約束のように「疑い深い」キャラがいるもの。そういう人は決まって目つきが陰湿で、普段は口数が少ないのに、ぴしゃりと放つひと言に猛毒が含まれています。もちろん、まわりの人から忌み嫌われるものの、本人は意に介しません。

ネガティブ属性の代表格のひとつである「疑い深い」性格ですが、物語世界では意外にも活躍の場が多く、重要な役割を担います。

敵側に「疑い深い」キャラがいれば、用心深くて異様に神経質な性格から、主人公の行動を読み解き、妨害工作を目論んで進む道を阻みます。厄介な参謀的存在として、波乱に満ちた物語の展開を約束してくれるでしょう。

一方で味方側に「疑い深い」キャラがいれば、敵の嘘を見抜き、慎重な行動を主人公たちに促し、生来からの鋭い直感で危険を察知してくれます。もちろん味方のチーム内でも人望が薄くて好かれませんが、本人は一向に気にしません。そういう図太さが逆に頼もしく映ります。

現実世界ではただ疎ましいだけの厄介な存在ですが、物語世界では引く手あまたで重宝されるキャラなのです。覚えておきましょう。

「疑い深い」人はつねに聞き耳を立てているから油断ならない

NO.06

鬱陶しい【うっとうしい】

[英：Annoying]

【言葉の意味】
目の前から排除したくなるなるほど、煩わしい

【類似する属性】
依存的　ひ弱　心配性

【性格・人物像を表現する文例】
普段は陽気なのに、突然豹変するときがある。先日もそうだ。あまりにメールがしつこいので「鬱陶しい」と無視したところ、急に怒りの電話がきた。

人物像・背景

- 家族やパートナーと共依存関係にある、またはあった
- 過保護な両親のもとで育った
- うまく人と仲良くなれず、愛情に飢えている
- 幼い頃に育児放棄された
- 自分のもとから大切な人が去ったことがトラウマになっている
- 親が共働きで忙しく、小さい頃からずっと寂しさを感じていた
- 闘病生活を続けていて、つねに心細さがある

性格的な思考・行動の傾向

- 自分自身について相手に聞かれていないことまで過剰に話す
- 人から深い愛情を注がれたいという願望がある
- SNSでのつながりに固執し、反応がないと過度に不安になる
- つねにパートナーを束縛する
- 人の意見や言動に異様に敏感
- 人から食事や遊びに誘ってもらうことで安心する
- 他者への執着心が強すぎるあまり、まわりを困惑させる
- 人の言動がいつもと違うと不安に駆られる
- ひとりで出かけることが苦手
- 人のプライバシーを尊重しない
- 誰もに気に入られたいがためにプレゼントを贈る
- 誘いを断られると自身の存在自体を否定されたように捉える

CREATOR'S FILE

狂気的な人物に成り変わる危険要素を孕む

孤独感にさいなまれ、他者とのつながりなくして自身の価値や意義を見出せない人は、「鬱陶しい」と思われがちです。愛情や関心を求めすぎて相手を疲弊させ、不安障害を抱えている場合も考えられます。

じつは「鬱陶しい」キャラは、疎外感が強まるにつれ、狂気的な人物に成り変わる危険要素を孕んでいます。このネガティブ属性を利用するのがミステリーやサスペンス。「鬱陶しい」キャラの被害妄想が募るにつれ、危ない方向へと精神状態が追い込まれ、ついには凶悪犯罪を引き起こすサイコパスと化してしまいます。現実世界でも起こりそうな事件ですが、**物語で「鬱陶しい」キャラを造形するには、両極端な感情のギャップを露骨に表現することが大切**です。まず他人から受け入れられて幸福感に包まれている状態を描き、明るい〝いい人〟という印象づけを徹底しましょう。そして、他人から拒絶されて負の本性が剥き出しになっていき、〝危ない人〟へと移行するさまを克明に描きます。この変容過程が恐怖感を増長させるツボとなります。さらに、怪しく映る「鬱陶しい」キャラを２～３人登場させて、ミスリードを誘うフラグを複数仕込むのもポイントです。

「鬱陶しい」キャラは現実世界でも珍しくないので、**日常に潜む異常者の恐ろしさを描き切れば、かなりホラーなストーリーがつくれます。**

狂気を描くには「鬱陶しい」が効果的

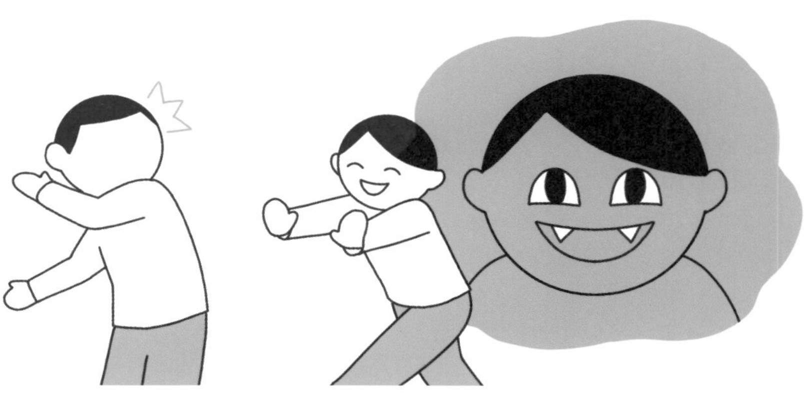

NO.07

頑固【がんこ】

［英：Inflexible］

【言葉の意味】
頑なで、自分の意見を変えようとしないこと

【類似する属性】
意固地　意地っ張り　堅物　器が小さい

【性格・人物像を表現する文例】
あれもダメ、これもダメ。お父さんは何でもかんでも否定してばかりで、まったく聞く耳を持たない。「頑固」者の親を持つと気苦労が多い。

人物像・背景

- わがままを何でも許してもらえる家庭で育った
- 身近に警察官や軍人など、正義感の強い人がいる
- 子どもの頃から気が強く、よく喧嘩をしていた
- 第一子で弟や妹がいる
- 親からの支配が強く、しきたりに縛られた生活を送ってきた
- 他者のいうことに従って、失敗してしまった経験がある
- 大きな成功体験で地位を確立しており、自分はつねに正しいと信じ切っている

性格的な思考・行動の傾向

- 物事に白黒はっきりつけないと気が済まない
- 批判的な意見にはすぐにかっとなり、聞く耳を持たなくなる
- トラブルが起きてもくじけない
- つねに自分が一番優位な立場にいようとする
- 自分の意見に反対する人はみな敵だと考える
- 日頃から眉をしかめ、気難しそうな表情をしている
- まわりに味方がいなくなっても自分の意見を曲げない
- 思い詰めたような頑なさが面差しから滲み出ている
- 人の欠点ばかりが目につく
- レストランやカフェでいつも決まったメニューを注文する

CREATOR'S FILE

どんな障害や困難が待ち受けようとも屈強な精神力で乗り越えられる

己の主義主張をあくまで貫こうとする「頑固」者。反対する人には猛反発して戦いを挑みます。この手のキャラ、昨今の創作作品でほとんど見なくなりました。理由は明解。**昭和以前は堅物で不愛想な「頑固おやじ」が父親の理想像であり、そのため「頑固」者が多かったのですが、今や現実世界に住む「頑固」者の数は激減、絶滅危惧種と化したからです。**

性格的な思考・行動の傾向より、その特徴の一部を抜粋してみます。

- **物事に白黒はっきりつけないと気が済まない**
- **批判的な意見にはすぐにかっとなり、聞く耳を持たなくなる**
- **自分の意見に反対する人はみな敵だと考える**
- **日頃から眉をしかめ、気難しそうな表情をしている**

いかがでしょう？　多様性が叫ばれ、個々の思想やスタイルに対し柔軟な取り組みが求められる令和においては、どれもNGなキャラクターです。

ただし、このネガティブ属性は一部の物語世界ではOKとなります。どんな障害や困難が待ち受けようとも目標に突き進む主人公に「頑固」キャラを被せれば、その屈強な精神力であらゆる苦境を乗り越えられます。

自分の意志を曲げない「頑固」者の行動を美談として語るには、ファンタジー系・バトルアクション系の世界観が最適といえるでしょう。

かつては頻繁に物語世界に登場した「頑固」者

NO.08

気分屋【きぶんや】

[英：Temperamental]

【言葉の意味】

その時々によって態度や言動が変わること

【類似する属性】

心移り　行き当たりばったり　無計画　自己中心的

【性格・人物像を表現する文例】

もう嫌だ。けど、彼はスクールカーストの最上位。逆らえばこのクラスで生きていけない。「気分屋」の彼に振り回されても従うしか道はないのだ。

人物像・背景

- 自由な雰囲気の家庭で育った
- 家庭が崩壊していて、守るべきものがない
- 大切な人を失った経験があり、自暴自棄になっている
- 末っ子またはひとりっ子である
- 子どもの頃は落ち着きのない性格で先生によく叱られていた
- 過去にいじめられたり、ハブられたりという経験がある
- 虐待やネグレクトを受け、愛情を注がれた覚えがない

性格的な思考・行動の傾向

- 喜怒哀楽がわかりやすい
- 突然感情を爆発させてまわりを混乱させる
- 自己主張が強い
- 感情が高ぶると大声を上げる
- 激高すると、まわりのものを壊したり、人や動物に暴力をはたらいたりする
- ストレスがかかるとすぐに逃げ出したくなる
- 触れられたくない話題になるとあからさまに不服な態度をとる
- 誰からも信用されない
- 他人の過ちに対して過剰に怒る
- 自分の意見をけっして曲げない
- 批判的な意見を聞くと人格が否定されているように感じる
- 自分の言動を正当化しようとさまざまな言い訳を試みる
- 深く考える前に行動に移す

CREATOR'S FILE

〝おいしい〟役を独り占めする ポテンシャルを持っている

一貫性がなく、支離滅裂な「気分屋」キャラは、まわりの人の神経を摩耗して疲弊させます。行き当たりばったり、無計画、自己中心的とくれば、誰も近寄りたくありません。

ところが物語では、この「気分屋」キャラがよく散見されます。ひと癖もふた癖もある「気分屋」だからこそ、格好の役柄が用意されているのです。

その役柄とは、暴君です。**「気分屋」キャラに巨大な権力と巨万の富を与えれば、国や世界を支配する絶対君主として強権を振るい、理不尽な圧政を民に強います。**さらには、これでもかといわんばかりに、善良な人々を苦しませ、暴力的かつ残忍な所業を繰り返します。

読者からすれば、ページをめくるたびに胸が痛み、目を瞑りたくなるようなむごい場面の連続で、ドキドキハラハラが止まらないでしょう。

ここがポイントです。悪の権化として嫌われ憎まれるほど、終盤で倒されたときの〝胸スカ感〟は半端ではありません。

いわゆる〝おいしい〟役を独り占めするポテンシャルを「気分屋」キャラは持っています。ただし、ただ嫌われるヒール要素だけでは不十分です。一部のコアなファンをつくれるような、悪役として「キャラ立ち」する魅力を授けてください。そうすれば、作品の面白味がグレードアップします。

「気分屋」の悪役をカッコよく描けばファン層が広がる

NO.09

生真面目【きまじめ】

[英：Serious]

【言葉の意味】

物事に対して真剣で、融通が利かない

【類似する属性】

気難しい　堅物　つまらない　保守的

【性格・人物像を表現する文例】

悪い奴じゃない。それは誰もがわかってる。けど、トラブルが絶えず降りかかるのは、何より融通が利かないあいつの「生真面目」さが原因だ。

人物像・背景

- 不真面目だったことでひどく後悔した経験がある
- 国家や法律に関わる責任の重い仕事をしている
- 厳格な親のもとで品行方正に育てられた
- だらしない親が反面教師になっている

性格的な思考・行動の傾向

- 決して手を抜かない
- だらだら過ごしたり、休息をとったりするのが苦手
- どんな服でも着崩さない
- 模範的な振る舞いをする
- つねに正攻法を選ぶ
- 品のない言動をひどく嫌う
- 雑談していても素っ気ない返事ばかりで、話に乗ってこない
- 一日のスケジュールを決め、その時間通りに生活する
- 姿勢がよく、キビキビ動く
- 休み時間を授業の予習・復習に費やしてムダに過ごさない
- 休日でも早起きして規則正しい生活パターンを崩さない
- ルールを守らない無秩序な人には厳しく当たる
- 皆勤賞をとるほど品行方正
- 書類は項目ごとにきっちりファイルにまとめる癖がある
- 言葉の真意に気づかない
- わからないことはその場ですぐに調べて疑問を解決する

CREATOR'S FILE

異様に視野が狭く空気を読む感覚など持ち合わせてない

登場した瞬間から、早々と死亡フラグが立っている場合が多い「生真面目」キャラ。一見すると、ポジティブ属性に思われがちですが、その性格と傾向を深掘りすると、真性ネガティブであることに気づきます。

まず、融通が利かない、気難しい、堅物とくれば、健全な人間関係が構築できません。**「生真面目」キャラが好かれない最大の原因は、過剰な責任感にあります**。余計な苦労まで自ら背負い、たったひとりでやり遂げようとするため、周囲の人はドン引きします。もちろん「生真面目」キャラ本人はそんなことに気がつきません。異様に視野が狭く、空気を読む感覚など持ち合わせていないからです。これも大きなネガティブ要因のひとつ。

結果、負のスパイラルへ自ら飛び込み、自滅してしまいます。誰かに頼ったり相談したりすれば回避できるトラブルなのに、ひとりで解決しようとする、謎の頑張りが招く不幸ともいえるでしょう。

この手のキャラは主人公や読者をイラつかせます。元来が悪人でないだけに、足を引っ張っている感が目立ちすぎてしまうからです。しかも仲間にまで危険が及ぶトラブルを招きます。それゆえ犠牲者となろうが、誰も同情しません。**そういう運命のもとに「生真面目」キャラを登場**させれば、きっちりと自らの役柄をまっとうします。それだけが取り柄ですから。

「生真面目」キャラは自分が危険だという空気も読めない

NO.10

気弱【きよわ】

[英：Timid]

【言葉の意味】

気が弱く、自信がない

【類似する属性】

内気　内向的　おとなしい　恥ずかしがり屋　奥手

【性格・人物像を表現する文例】

彼は変わった。面持ちや言葉からもわかる。かつての「気弱」さは影を潜め、自信に満ちあふれている。こんなに成長するなんて誰が想像しただろう。

人物像・背景

- メンタルが弱く、心療内科に通っていた過去を持つ
- いじめやきょうだい間の確執など、人間関係にトラウマがある
- 高圧的な親やきょうだいのもとで育ち、心が脆弱
- 人前で失態をさらした経験があり、過ちを引きずっている

性格的な思考・行動の傾向

- 人にどう思われているか過剰なまで気にする
- 声が小さく、ぼそぼそしゃべる
- ひとりでいるのが一番落ち着く
- 自分に非がなくともとりあえず謝ってしまう
- うつむき加減で、できるだけ顔を隠そうとする
- ソワソワして手を組んだり、袖をいじったりする
- 間違ったことをいわれても受け入れてしまう
- 慣れない場所に来ると、いたたまれない気持ちになる
- 話し合いで自分の意見をなかなかいい出せない
- 無茶な要求でも断れない
- 大人数で遊んだり、賑やかな場で食事したりするのが苦手
- 自分から人に話しかけたり、遊びに誘ったりしない
- 授業で先生に当てられると緊張して、しどろもどろになる
- 優柔不断で人に流される

CREATOR'S FILE

弱い自分に打ち勝てば潜在的な強さを引き出せる

心 根が脆弱で自信がない「気弱」なキャラは、物語の展開を邪魔するストッパー的存在。意思決定が遅く、まわりの士気を下げる言動が目立つため、ほかの登場人物からも読者からも受けがよくありません。

物事を悪い方向に考えてしまうこのネガティブ属性は、現実世界でも頻繁に見かけます。悲観的思考で成り立つため、ビビりと揶揄されがちですが、物語世界ではこの弱さがおいしい素材に変わる場合があります。

それは、強さへの成長です。「気弱」という性格の根幹には、じつは強さにつながる要素が潜んでいます。自己防衛本能という我が身を守るための無条件反応です。つまり悲観的思考ゆえに芽生える恐怖心を克服し、弱い自分に打ち勝てば、自己防衛本能からくる潜在的な強さを引き出せます。

最初は敵が怖くてビビッていたのに、友だちや仲間に励まされるうち心根が強くなり、いつしか敵との戦いに身を投じて成長していく、というストーリーは王道のテンプレート。『新世紀エヴァンゲリオン』の主人公、碇シンジもこのパターンです。**自身と葛藤しながら新たな自我に覚醒して強さを獲得する展開では「気弱」なキャラを存分に活用しましょう。**

ただし、ふとした場面で見せる潜在的強さをフラグとして序盤に散らすことをお忘れなく。唐突な成長はリアリティが欠落します。

「気弱」なキャラの圧倒的成長は支持を得やすい

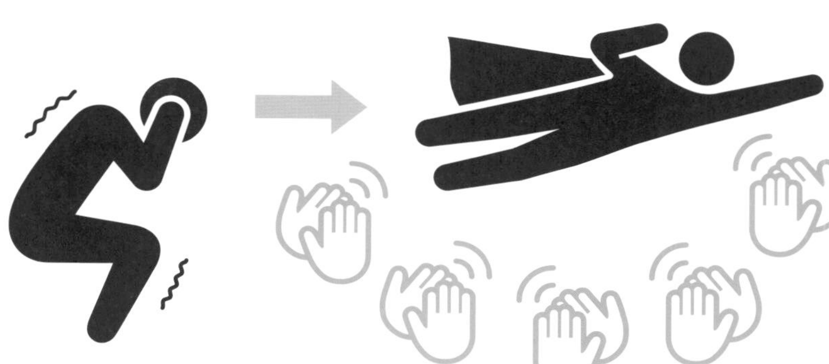

NO.11

口うるさい【くちうるさい】

[英：Nagging]

【言葉の意味】
人の言動にいちいち口を挟む

【類似する属性】
やかましい　しつこい　くどい　鬱陶しい

【性格・人物像を表現する文例】
本当に「口うるさい」嫌な子。いつも悪意に満ちた余計なひと言で、私の気分を害して邪魔をする。けど、私は負けない。絶対に最後までやり通す。

人物像・背景

- 幼少期から家族や友人とよく喧嘩して争っていた
- 昔から、家まわりの面倒を見るお母さん的存在だった
- きょうだいが多く、よくしゃべる家庭で育てられた
- 自分なりのやり方で何かを成し遂げた成功体験がある

性格的な思考・行動の傾向

- 語気が強く高圧的
- 臆さず人に指示を出す
- 他人の言動が気になる
- 作業を手伝わない人がいるとイライラして怒鳴る
- 夫が靴下を脱ぎっぱなしにしているのに気づいて怒る
- 自分に関係のないことでも構わず口を出して咎める
- 誰彼かまわず口喧嘩をする
- 子どもの行動を注意深く監視して、あれこれ注意する
- 従わない者がいたら、かなりの時間を使ってでも説き伏せる
- 自分の経験をもとに動くのが一番正しいと考える
- つねに部屋を整理整頓された状態に保つ
- 人として礼儀作法やマナーが最重要だと考える
- 固定観念や慣習に縛られがち
- ムダに堂々と振る舞う
- だらしないことが許せない
- お金の管理を徹底する

CREATOR'S FILE

このタイプには自惚れ屋が多く自分がこの世で一番賢いと考えている

人の一挙手一投足にあれこれ口を挟む「口うるさい」キャラの特性は、真逆の方向に二分されます。**その性格的思考を理解したうえで人物造形する必要があるでしょう。**

ひとつは大多数を占めるネガティブ属性としての「口うるさい」キャラ。やることなすことに文句をつけ、時に押しつけがましい説教すら交える厄介な存在です。このタイプには自惚れ屋が多く、自分がこの世で一番賢いと考えています。他人に厳しくて自分に甘いタイプともいえるでしょう。多くの人は、「口うるさい」キャラとしてこちらをイメージするはず。物語においては、主人公の行動を抑止する嫌な敵として立ちはだかります。

一方、少数派ですがポジティブ属性としての「口うるさい」キャラもいます。こちらは相手を心配するあまり、つい言葉多めに口を挟んでしまうタイプ。世話好きで心配性という、人のことが放っておけない性分から、あくまで善意のアドバイスや注意を施します。物語では味方側の、たとえば老師や先輩といった、主人公を支える頼もしい存在です。

「口うるさい」背景にある、相手への心情や感情を丁寧に描写すれば、ネガティブでもポジティブでも、人物造形が深まって印象的なキャラクターに仕上げられます。ただし、台詞の一言一句を吟味しましょう。

悪意か善意かで「口うるさい」キャラの印象は大きく変わる

NO.12

ケチ【けち】

[英：Stingy]

【言葉の意味】

先のことを考えて出し惜しみする

【類似する属性】

倹約家　せこい　狭量　卑劣　不親切

【性格・人物像を表現する文例】

あの人は一緒に食事に行っても、絶対に自分の財布を出そうともしない。奢られて当然と思っている節がある。あんな「ケチ」な人、初めて見た。

人物像・背景

- 使っていない部屋の電気は消すよう親によく怒られていた
- 人を信じた結果、多大な被害を被った苦い経験がある
- 親が借金を抱えて苦労した
- 貧しい家庭、もしくはスラムのような厳しい環境で育った
- 銀行や経理課で働いている

性格的な思考・行動の傾向

- 損得を基準に動く
- ひとつのものをぼろぼろになるまで長く大切に使い込む
- 街中でもらったティッシュや試供品を捨てずにとっておく
- 「無料」の文字に目がない
- 使っていないものを人にねだられても簡単には譲らない
- 極力、冷暖房を使わない
- 買いたいものがあっても安くなるまで待つか諦める
- プレゼントするのをためらう
- お年玉を使わずに貯金する
- 家計簿を毎日つける
- チラシやクーポンを確認してからお店を利用する
- 外食は控え、できるだけ自炊して生活を切り詰める
- 通販やよく行くお店のポイントをコツコツ貯める
- 値引きされている商品を選ぶ
- 新車ではなく中古車を買う
- 着なくなった服はすべて売るか、部屋着や雑巾にする

CREATOR'S FILE

誰も救いの手を差し伸べてくれず因果応報の死を迎える

数あるネガティブ属性のなかで、もっとも忌み嫌われるのが「ケチ」ではないでしょうか。「ケチ」と書けば、そこまでひどくなさそうですが、しょせんは狭量な強欲。お金への執着を最優先するタイプです。それでも、過去にお金で大変な苦労をしたとか、家が貧しくて過酷な半生を送ったとか、不遇な背景があればまだ救いもあります。ところが**「ケチ」な人の大多数は、見た目がちっとも貧しそうではなく、むしろかなり裕福そうで、困窮ぶりがうかがえません**。ここに嫌われる原因があります。

その人格構成を方程式で表すとすれば、「ケチ」＝自己中心的＝排他的＝冷酷＝卑劣、といったところでしょうか。要は、救いようのないキャラといえます。当然、物語世界に登場する「ケチ」なキャラの寿命は長くありません。敵だけでなく、ともすると味方からも嫌われるからです。

お金以外に、人に対してもシビアな姿勢を貫くせいで、いざというときに誰も救いの手を差し伸べてくれず、あるいは裏切られて、因果応報の死を迎えます。**「ケチ」なキャラを物語に登場させる際は、このような鉄板テンプレに則って描けば間違いないでしょう。**

その一方、みんなから好かれるヒーロー気質の特性は、自らの危険を顧みない、献身的で寛容な太っ腹。「ケチ」の対極に位置します。

強欲なお金持ちは非業の死を遂げるのが鉄板

NO.13

傲慢【ごうまん】

[英：Arrogant]

【言葉の意味】

態度が偉そうで、お高くとまっている

【類似する属性】

高飛車　ふてぶてしい　横柄　不遜

【性格・人物像を表現する文例】

他人を蔑み、コケにして、いったい何が面白いのだろう。あの「傲慢」ぶりに辟易するものの、みんな恐ろしくて逆らえない。誰か助けて、お願い。

人物像・背景

- 上流階級の出身で、貴族意識の高い家庭で育った
- 叱られることなく、おだてられ、甘やかされて育った
- 親が強い偏見や差別意識を持つ人だった
- 気に入らない人をいじめたり、蔑んだりした経験を持つ

性格的な思考・行動の傾向

- 人をコケにして笑いものにする
- 無意味に高笑いする
- 派手で目立つ服を好む
- 高級なジュエリーを身につける
- 富や地位、名声への願望が強い
- 自分の意見に共感するよう、まわりの人に強要する
- つねに自分が正しいと信じる
- 人を見た目やスペックで安易に判断する
- 貧乏な人を極端に嫌う
- 自分の欲望に従順すぎる
- 何かしてほしいときは、お願いではなく命令して従わせる
- 仲のいい人でも、反抗的な態度を見せれば関係を断ち切る
- 自分が敬われるのは当たり前だと思っている
- 他人は自分の引き立て役くらいにしか考えない
- 人の悪口や根拠のない噂話で盛り上がる
- 這い上がるためなら他人を蹴落とすことなどいとわない

CREATOR'S FILE

力が圧倒的で憎らしいほどドラマが盛り上がる

今風にいえば、マウントを取りにくるタイプなのでしょう。「傲慢」キャラは鬱陶しい存在です。とはいえ**物語では必須のキャラゆえに、その位置づけ、性格、周囲に及ぼす影響から、どのような末路をたどるか、パターン化されたテンプレ展開を覚えておくと便利です。**

まず冒頭、「傲慢」キャラは誰よりも優位な絶対的ポジションにいます。傍若無人な言動で人々を傷つけ、周囲との信頼関係など皆無です。それでも圧倒的権力によって揺るぎない地位を誇ります。

ある日、勇気ある主人公が現れます。あらゆる面で劣勢にありながらも、次第に周囲の人々から信頼され、主人公のもとに仲間が集結。そして、人々を苦しめる「傲慢」キャラに反旗を翻す戦いがはじまります。ところが「傲慢」キャラの力は依然として強大です。

やがて絶体絶命の窮地に追い込まれる主人公たち。よもや絶命かという場面、思わぬ味方の参戦によって戦局は大逆転して、勝利を収めます。

どこかで覚えのある、この展開。ファンタジー系でもアクション系でも、あらゆるジャンルの物語に共通するテンプレートです。ポイントは冒頭にあります。**「傲慢」キャラの力が圧倒的で憎らしいほどドラマが盛り上がり、主人公の無力ぶりを強調するほど読者は応援をしたくなります。**

結末が見えていながらも読者が熱中するテンプレ展開

NO.14

怖がり 【こわがり】

［英：Wimpish］

【言葉の意味】
びくびくして、何かを恐れている

【類似する属性】
小心者　臆病　弱虫　意気地なし　腰抜け

【性格・人物像を表現する文例】
ただのビビりな「怖がり」かと思っていたけど、意外によく人を見てる。こんな些細な点をも見逃さないとは。案外、彼はできる人なのかも。

人物像・背景

- 小さい頃は夜ひとりで眠るのが怖かった
- 過保護に育てられ、ひとりで挑戦することに慣れていない
- 挫折した経験を今もなお引きずっている
- 裏切りに遭い、まわりに信頼できる人がひとりもいなかった

性格的な思考・行動の傾向

- 絶えずオドオドしている
- 周囲の反応をひどく気にする
- よくないことが頭に浮かぶ
- いつも視線がさまよう
- 固く手を握り込む癖がある
- できなかったときの言い訳をあれこれ考えがち
- 下を向いてブツブツいう
- 背中を丸めて縮こまる
- 慎重な姿勢で物事に取り組む
- 喧嘩してもすぐに自分の非を認め、謝ってしまう
- できるだけ目立ちたくない
- 暗くて狭い、ひとりきりの空間を居心地よく感じる
- 誰からも嫌われたくない
- 自信にあふれた人を前にすると気後れしてしまう
- あらゆる変化を避ける
- 新しいものよりも馴染みのあるものが好き
- 煮え切らない態度をとる
- 非常事態が起こるとパニックに陥って状況判断できなくなる

CREATOR'S FILE

他人に対する洞察力に長け
周囲の微細な変化に敏感

群像劇のような、5〜10人くらいの登場人物それぞれにスポットを当ててドラマを描く場合、そのひとりにビビりな「怖がり」キャラを入れておけば何かと役立ちます。登場するキャラクターの幅が広がり、リアリティが生まれるのです。正義漢、強運、秀才、美女、行動派、理知的——というように、ポジティブ属性の人物像は次々と浮かんでくる一方、ネガティブ属性の人物像といえば、意地悪、暴力的、権威的など、ステレオタイプばかりが目立ちがち。**「怖がり」は見逃しやすい地味なキャラですが、極端に悪いネガティブ属性というわけではなく、ネガティブとポジティブの中間的な立ち位置にいるキャラとして機能します。**

加えて、何より小心者の臆病な意気地なしですから、危険を察知する優れたアンテナを持っています。同時に、他人に対する洞察力に長け、周囲の微細な変化に対しても敏感です。〝気づき〟に特化したキャラクターを登場させると、ほかの誰もがスルーする事象を鋭く察知することで、物語の転換点を構成しやすくなるというメリットもあります。

さらに『SAVE THA CAT の法則』の猫と同じ役割を付与すれば、主人公の勇気や優しさを引き立てることが可能となります。**案外使い勝手のいい「怖がり」キャラを、あなたなりにアレンジしてみましょう。**

意外な人物が「怖がり」キャラだと
物語がいっそう盛り上がる

NO.15

自分勝手【じぶんかって】

[英：Selfish]

【言葉の意味】
他人を顧みず、自分のやりたいように振る舞う

【類似する属性】
わがまま　自己中心的　自分本位　エゴイスティック

【性格・人物像を表現する文例】
また「自分勝手」な行動に走り、みんなに迷惑をかけて。他人を思いやる気持ちや自制心はないのだろうか。けど、そんな彼女が羨ましくもある。

人物像・背景

- 何をやってもわがままが許される甘い環境で育った
- 欲しいものは何でも親に買ってもらえた過去を持つ
- 厳しい親とそりが合わず、家から逃げ出した
- 未成年だが、タバコや酒に手を出した非行経験がある

性格的な思考・行動の傾向

- 人の意見に聞く耳を持たない
- 厚かましい態度をとる
- 感謝や謝罪をしない
- 人が自分に従うのは当たり前だと考えている
- 人の話を途中で遮る
- 誰もに上から目線でものをいう
- 脚を組んでふてぶてしく座る
- つまらなそうな顔をする
- 無意識に周囲の人を振り回す
- 自分に都合のいい従順な者だけを集めて側に置く
- 感情を隠そうとしない
- しばしばずる休みをする
- 人の所有物を許可なく使う
- 親しい人からもらったものでも平気で捨てる
- 借りたものは返さない
- 相手に歩幅を合わせず、自分のペースでどんどん先に進む
- 嫌なことを人に押しつけて、ラクをすることばかり企む
- 自分が待つくらいなら相手を待たせればいいと思う

CREATOR'S FILE

読者が自身を投影できる特別な共感点を与える

利己的で他人のことなどお構いなしの「自分勝手」な人は、一見するとネガティブ属性のなかでも悪質な部類に入ります。自分中心でしか物事を考えないため、協調性や連携力はゼロ。チームでの活動は不可能ですし、そもそも取り組むつもりがありません。

しかも、傍若無人な言動で周囲の人々を振り回し、欲しいもののためなら手段を問わず暴挙に出ます。厄介な存在ゆえ、誰からも好かれません。

ところが、物語では描き方次第で印象が一変します。

「自分勝手」なキャラに確固たる主義や信条を加え、〝なぜそのように行動するのか〟を明らかにすれば、読者の見方が変わってくるのです。

やりたいように生きる行動原理に、共感や同調をもたらす何かがあれば、「自分勝手」な性格に説得力が生まれます。それは目的や目標かもしれませんし、過去からの脱却や束縛からの解放かもしれません。

現実世界において、人は誰しも「自分勝手」に、自由に生きたいと心で願っているもの。そしてそれは永遠に叶わない願望だと重々承知です。**だからこそ「自分勝手」なキャラに、読者が自身を投影できる特別な共感点を与えれば、厄介な存在から憧れの存在へと変わります。**このネガティブとポジティブの表裏一体こそ、物語の真骨頂といえるでしょう。

「自分勝手」とは我が道を行くことでもある

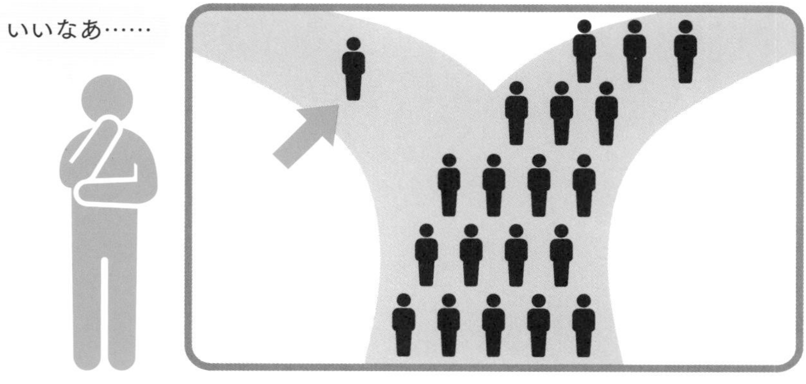

NO.16

嫉妬深い【しっとぶかい】

[英：Jealous]

【言葉の意味】
人をうらやんだり、妬んだりする気持ちが強い

【類似する属性】
未練がましい　焼きもち焼き　負けず嫌い　神経質

【性格・人物像を表現する文例】
とにかくあの小娘を捕らえて殺せ、という厳命が下された。王女様の「嫉妬深い」性格にはほとほと参ってしまう。何せ今月に入ってもう7人目だ。

人物像・背景

- 他人と比べられて悔しい思いをした経験がある
- 1位を取れないと親に厳しく叱られた
- あまり褒められることも、かわいがられることもなく育った
- 好意を寄せていた人に裏切られてトラウマになっている

性格的な思考・行動の傾向

- 裏切られるのが怖い
- つい疑心暗鬼に陥る
- 相手のことは、どんなこともすべて知りたい
- 人のことを完全に信じきれない
- 気になることがあると、ほかのことが手につかなくなる
- こっそりと人のあとをつける
- 誰よりも優位に立っていないと不安を感じる
- 思うように感情をコントロールするのが苦手
- 相手に疑わしいところがあれば躊躇なく問い詰める
- 不安でも大丈夫なふりをする
- 自然と眉間にしわを寄せている
- 心が揺れると、腕を組んで自分を落ち着かせようとする
- ひとつのこと、ものに対して、異常なほどに執着する
- 邪魔な存在は徹底的に排除しようと画策する
- まわりには強がって見せるが、本当は自分に自信がない

CREATOR'S FILE

万人の深層心理に潜む〝他人を妬み嫉む〟気持ち

執念に突き動かされるように、自らの地位獲得を最優先する「嫉妬深い」性格は手に負えないネガティブ属性です。ゆえに、悪役に付与する傾向として、もっとも引く手あまたのネガティブ属性ともいえます。

「嫉妬深い」キャラはとにかく好戦的で、他者との衝突をいといません。邪魔な存在は徹底的に排除しようと目論みます。また、勝利に固執し、異様な意欲を内に秘めています。よって、非道徳的かつ卑劣な手段を講じてでも相手を凌駕しようするのです。あらゆるライバルを蹴散らし、つねに自分がトップであることを信じて疑わない妄想癖もあるため、敵に回すとこれ以上厄介な相手はいないでしょう。

着目すべきは、「嫉妬深い」キャラが似合うのは、男性より女性の悪役だという点。とりわけ欧米の古典的な物語や映画では、邪悪な王女が異様に「嫉妬深い」キャラとしてしばしば登場します。そして、若さや美、富、権力に固執し、ライバルの美しい女性を地獄へ突き落そうと、むごたらしくいじわるな作戦をあれこれ企てます。

「嫉妬深い」悪役が重宝されるのは、万人の深層心理に潜む〝他人を妬み嫉む〟気持ちへの戒めのためでしょう。この醜悪な邪念を抑え込めれば善人となり、制御できなくなれば悪人と化す、という訓えでもあるのです。

女性同士の戦いには「嫉妬深い」情念がからむことが多い

NO.17

自滅的【じめつてき】

[英：Self-destructive]

【言葉の意味】
あえて苦しいほうを選ぶ、もしくは自分の行いが原因で破滅する

【類似する属性】
破滅的　無謀　自己破壊的　自暴自棄

【性格・人物像を表現する文例】
もはや救いようがない。これで4度目の逮捕だ。彼の「自滅的」な性格はおそらく死ぬまで直らないだろう。結局、私は何もしてあげられなかった。

人物像・背景

- 精神疾患を抱え、通院していた経歴を隠し持つ
- 事件に巻き込まれて精神に甚大なショックを受けた
- 大きな失敗をして人生が転落してしまった
- 誰からも愛されない、孤独な幼少期を過ごした

性格的な思考・行動の傾向

- 自分なんてと自暴自棄になる
- 気持ちが沈みやすく、よくうなだれたりため息をついたりする
- 人と衝突したり、選択が被ったりしたときは自ら身を引く
- 猫背でトボトボ歩く癖がある
- 生きることに執着しない
- 自分のなかにある思いや考えを口にして伝えようとしない
- つねに人と一定の距離を置く
- 何にもやる気が起きず、ダラダラして過ごす
- 人と目を合わせようとしない
- 投げやりな態度で物事に取り組み、失敗しても顧みない
- 酒やドラッグに溺れがち
- 自ら危険に飛び込む
- 自分に関わろうとしてくる人を疎ましく感じる
- カーテンを閉め切り、明かりもつけずに暗い部屋で引きこもる
- 親身な忠告を無視する
- 退廃的で自堕落な生活を送る
- 未来に希望を抱いていない

CREATOR'S FILE

内在する多様な人の弱さを凝縮し 読者の心に強烈なネガティブ感情を起こさせる

堕ちていく人が世の中には存在します。往々にしてきっかけは身近な何かへの依存です。たとえば、酒、ギャンブル、ドラッグ、性――と、最初は気分転換や息抜きだったはずが、ずぶずぶと嵌まっていき、やがては精神を病んで取り返しのつかない事態を引き起こします。

読んでいるだけで気が滅入ってくる「自滅的」キャラの退廃模様は、人間の脆弱さを表現する際に十分な効果を発揮し、死の存在すら暗示できます。そのため、サスペンス系、ノアール系では欠かせないキャラです。

主な傾向としては、自尊心が低くて人間関係が希薄、夢や希望を持てず悲観的。ゆえに事件に巻き込まれやすい危うさを備えます。

物語世界では、「自滅的」キャラは負のアイコンとして重宝されます。なぜなら内在する多様な人の弱さを凝縮し、読者の心に強烈なネガティブ感情を抱かせるからです。いわば、社会での反面教師的象徴である「自滅的」キャラは、誰でも闇の側に堕ちるリスクを体現しているといっていいでしょう。そしてそのキャラがむごたらしい死を迎えれば、かなりのマイナスインパクトを読者に与えることが可能です。

登場した瞬間から死亡フラグが立つ「自滅的」キャラを鮮烈に描くには、救いようのない苛烈でリアルな自暴自棄ぶりを綴ること。これに尽きます。

人は誰しも「自滅的」になる瞬間がある

NO.18

せっかち 【せっかち】

[英：Hasty]

【言葉の意味】
気が短く、焦って行動する

【類似する属性】
短気　慌てんぼう　そそっかしい　拙速

【性格・人物像を表現する文例】
「またやっちまった！」自分でもわかってる。焦りすぎだと。それでもつい先走った行動に出てしまう。この「せっかち」な性格、何とかしなきゃな。

人物像・背景

- 学校によく忘れ物をしていき、先生に怒られることが多かった
- きょうだいが多く、おやつはいつも早い者勝ちだった
- 親が短気で、行動を急かしてくる人だった
- 作業が遅れて締め切りに間に合わなかったトラウマがある

性格的な思考・行動の傾向

- スタスタと早足で歩く
- 人と協力するより単独で自由に動きたいと考えがち
- 質よりもスピード重視で作業することが大切だと考える
- 夏休みの宿題は余裕を持って早めに終わらせておく
- ドラマや映画を早送りで見る
- 伏線が少なく、単純でわかりやすいシンプルな結末を好む
- マイペースな人を見ているだけでイライラする
- 人にも自分と同じ作業スピードを強制する
- 忘れ物をよくする
- 軽はずみな行動に出る
- 無意識に貧乏ゆすりをする
- じっとしていられない性分
- いいようのない焦燥感や緊張感から汗をかきやすい
- イスの背にもたれず、前のめりで机に向かう癖がある
- 聞かれていないことにもつい答えようとしてしまう

CREATOR'S FILE

バディの片割れの性格として設定すると面白い化学反応が起きる

急いては事を仕損じる、ということわざがあります。焦って行動すると何事も失敗しやすく、気持ちが急いでいるときこそ、慎重に落ち着いて取り組むべきという訓えです。

「せっかち」はネガティブ属性ではあるものの、どこか憎めない特性です。致命的な大失態を招く行動をとるというより、日常の些細な場面で見受けられるうっかりミスが多いからでしょう。

物語創作では、「せっかち」キャラをバディの片割れの性格として設定すると面白い化学反応が起きます。その際、もうひとりの性格は寛容でおっとりした真逆のタイプにしましょう。ふたりは性格の違いから、いつも意見が割れて口論となり、時には喧嘩に発展します。このように性格が相反するコンビは、ハリウッド映画でも定番の組み合わせ。古くはエディ・マーフィの出世作『48時間』で描かれています。ぎくしゃくしていたコンビが、お互いの偏見を払拭して協力関係を築き、難事件を解決すると同時に各々が人間的成長を遂げる、理想的なハッピーエンドです。

「せっかち」キャラに大切な要素は、とにかく言動がユーモラスであること。「せっかち」キャラがシリアスだと、笑えないジョークと同様、読者に受け入れてもらいにくいので注意しましょう。

日常の「せっかち」な行動パターンはさまざま

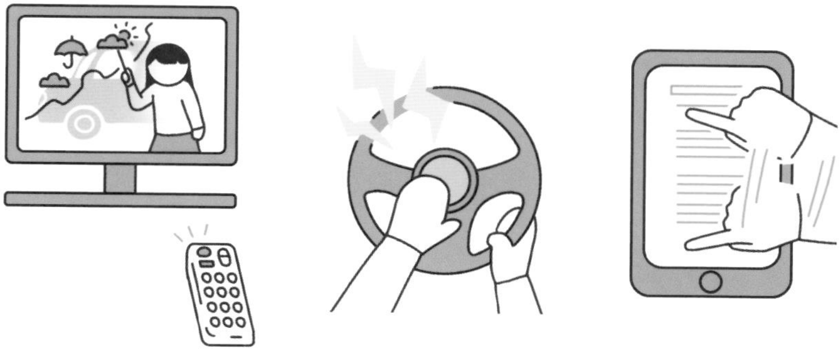

NO.19

生意気【なまいき】

[英：Saucy]

【言葉の意味】
見合う能力もなしに、図々しい態度をとる

【類似する属性】
厚顔　傲慢　差し出がましい　憎たらしい

【性格・人物像を表現する文例】
意外な思いだ。あれほど「生意気」な嫌われ者だったのに、人の痛みや苦しみがわかる聖人に変わった。それほど苛烈な半生をくぐり抜けたのだろう。

人物像・背景

- 気に障るようなことがあれば、すぐに怒ったり、喧嘩したりする子だった
- 今まで順調な人生を送ってきた
- ずっと昔の成功体験をいつまでも心に引きずっている
- 幼い頃から叱られることなく、とにかく甘やかされて育った

性格的な思考・行動の傾向

- 自分はまわりの人より断然出来がいいと思っている
- 初対面でも、平気で不躾な質問をする
- 相手のテリトリーに遠慮も躊躇もなく、ずかずかと土足で入る
- ニヤニヤしながら失礼なことを口にして相手を傷つける
- 自分は動かずに、相手をうまく動かそうとする
- 自分の能力が誰よりも秀でていると思い込んでいる
- バカにした態度で人に接する
- 正論をいわれたり、不利な状況に追い込まれたりすると怒る
- 人からの親身なアドバイスをまったく受け入れない
- 相手を侮辱して優越感を得る
- 協調性がなく、チームの雰囲気を悪くする
- 何かと言いがかりをつけては厄介ごとを増やす
- 人の手を煩わせることをまったく悪いと思わない

CREATOR'S FILE

物語世界の「生意気」キャラは2通りのタイプに行く末が分かれる

傲慢な「生意気」キャラは嫌われます。これは現実世界において変わることのない摂理です。そして「生意気」な気性はなかなか完治しません。誰も親身にアドバイスしないばかりか、人格を矯正してくれるはずの師匠的存在すら離れてしまうからです。

ところが、物語世界の「生意気」キャラは、2通りのタイプに行く末が分かれます。そこに大きく影響を及ぼすのが役柄ポジションです。

まず、脇役の意地悪な「生意気」キャラの場合、間違いなく主人公の引き立て役として、その高々と誇らしげな鼻っぱしらがへし折られ、無残な敗北を喫します。

序盤の一時期は主人公を圧倒する地位や力があっただけに、読者は胸のすく思いで哀しき末路を笑います。憐れむ人などいません。

一方、主人公が「生意気」キャラの場合、偏った価値観や差別意識や特権意識を持ちながらも、さまざまな苦境や邂逅（かいこう）を通じて新たな人格を形成し、人間的に大きな成長を果たします。

つまり、過去から完全に解脱して別人へと生まれ変わります。こうしてネガティブ属性の「生意気」は、ポジティブ属性の「謙虚」へとキャラ変することで読者の支持を得られます。

「生意気」キャラが「謙虚」なキャラに成長するギャップが読者は大好き

NO.20

ナルシスト【なるしすと】

［英：Narcissistic］

【言葉の意味】

自分に陶酔している

【類似する属性】

高慢　自惚れ屋　自信家　目立ちたがり

【性格・人物像を表現する文例】

またはじまった。彼の自慢話にはいい加減うんざり。「僕が」「僕が」と自分のことしか話さない。結局、自信がないから人の承認を求めるのだろう。

人物像・背景

- ある分野で偉業を達成し、まわりから認められた経験がある
- あまり人と比べられることなく、のびのびと育った
- 何もかもうまく事が運び、これまでに挫折経験がない
- 人に愛されなかったことがトラウマになっている

性格的な思考・行動の傾向

- どんなときでも自分が一番であると信じて疑わない
- 相手を見下し、偉そうな態度で優位に立とうとする
- 思うがまま好き勝手をする
- つねに美しくありたいと願う
- 派手で目立つ役職に就きたがる
- 皆が自分に好意を抱いていると勘違いしている
- 完璧な状態をつねに追い求める
- いい格好しいで、キザな言動ばかりとろうとする
- つねに堂々とした姿勢を貫く
- ふんぞり返ってイスに座る
- 人の話を聞くより、自分の話をしたがる
- 苦手なことやできないことは誤魔化して避ける
- 絶対に人前で恥をかくようなことはしたくないと考えている
- ほかの人がチヤホヤされているのが許せない
- 失敗しても人のせいにして何とか責任を逃れようとする

CREATOR'S FILE

他人からの評価が気になるうえ つねにまわりからの賛美を求める

愛しいのは自分。大切なのも自分。そして誰よりも自分が優れていると、大きな勘違いをしているのが「ナルシスト」の特性です。ある意味では非常に幸せな人なのかもしれません。劣等感にさいなまれることなく、自己愛だけを糧として大手を振って生きられるわけですから。

とはいえ身勝手で高慢で鬱陶しい「ナルシスト」は、紛れもなくネガティブ属性。協調性や社会性が欠如し、自分基準の言動で他人を不快にします。

物語世界では、とりわけアニメ・漫画界において男性ナルシストキャラが多数登場します。古くは『ちびまる子ちゃん』の花輪クン、『ドラえもん』のスネ夫、そして『北斗の拳』のユダが挙げられ、近年のヒット作では『僕のヒーローアカデミア』の青山優雅、『テニスの王子様』の跡部景吾など、キザで二枚目キャラの「ナルシスト」男性が存在感を放ちます。こう考えると「ナルシスト」は、昔から男性にありがちな傾向なのかもしれません。

物語創作の際に覚えておいてほしいのは、自己肯定感が高い人と「ナルシスト」は根本的に異なるということ。自己肯定感が強い人とは、自身のなかに確固たる自信が備わっているため他人からの肯定を必要としません。一方、「ナルシスト」は自己愛に満ちているものの、内心では他人からの評価が気になって仕方ないうえ、つねに賛美をまわりに求めます。

「ナルシスト」はほどほどにしないと友だちがいなくなる

NO.21

卑怯【ひきょう】

[英：Cowardly]

【言葉の意味】
正攻法ではなく、裏をついて相手を追い込もうとする

【類似する属性】
臆病　ずるい　意地悪　狡猾　不真面目

【性格・人物像を表現する文例】
まさか彼が敵の側だったとは。これまでずっと一緒に戦ってきたのに、全部嘘だったというのか。何て「卑怯」な奴なんだ。もう言葉が出ない。

人物像・背景

- 自分の力で生き延びるしかない、という荒んだ環境で育った
- 誰かと比べられて育ち、嫌な思い出になっている
- 信頼していた人からひどく騙された痛烈な経験がある
- 幼少期から親に多大なプレッシャーを与えられて育った

性格的な思考・行動の傾向

- 何をするにも不安を感じている
- 人のことを妬ましく思う
- 絶対に失敗しない、リスクの小さい方法を選択する
- 表面上は友好的に見せる
- とにかく人を疑ってかかる
- 人とは信頼ではなく、取引でつながっていると考える
- 出来の悪い自分を認めたくない
- コツコツ取り組むより、ラクして大きな成果を得たい
- 人の反応や態度に敏感
- 何事にも全力を注いで取り組もうという気構えがない
- 人を陥れようと、裏で手引きする
- どんなときも優位に立ちたい
- 目的のためなら恥じらいも捨てる
- おいしい話に乗るよう誘惑し、自分の利益のために人を騙す
- 弱みを握って人を自分の思い通りに動かす
- 本当は誰かに認められたい
- 下の立場の人がいると安心する

CREATOR'S FILE

悪の権化として描くことで読者の感情を揺さぶる

物語のプロットが完成に近づき、登場人物リストの詰めに入ったなら、「卑怯」なキャラを入れ忘れないようにしましょう。善と悪が戦うストーリーにおいて、悪側の「卑怯」なキャラは必須要素のひとつです。

青春系でもファンタジー系でもミステリー系でも、「卑怯」なキャラの需要はとにかく高く、使い勝手も抜群です。その理由は簡単。**主人公の目標を阻害する、最凶の役割を担うからです。**

「卑怯」なキャラには、とにかく残忍かつ非道な悪事を押しつけてください。完全なる悪の権化として描くことで、読者の感情をネガティブ領域へと引っ張り込めます。つまり、憎悪対象としての存在感を強めるほど、読者は逆境の主人公を応援する気持ちを高めます。

そもそも「卑怯」とは人の道に外れる、卑しくも浅ましい特性。ある意味ではわかりやすいキャラです。クライマックスはもちろん、要所要所で主人公を妨害する憎きライバルとして動かせば、確実に物語を盛り上げられます。**もっとも効果的なのは、ずっと仲間だと信じていたキャラが、じつは裏切りを働く「卑怯」者だという設定。**よくあるパターンですが、この手の展開は「卑怯」なキャラクターの真骨頂といえます。そして読者はこの大どんでん返しからのさらなる〝胸スカ〟な逆転劇を期待しています。

「卑怯」者の暴挙なくして物語の醍醐味はない

NO.22

人騒がせ 【ひとさわがせ】

[英：Alarmist]

【言葉の意味】

はっきりとした根拠なく人を煽り、動揺させる

【類似する属性】

騒々しい　噂好き　大げさ　ほら吹き　やんちゃ

【性格・人物像を表現する文例】

もし本当なら大変なことになる。いや、冷静になれ。あいつの話は信用ならない。元来「人騒がせ」な性分だ。迂闊に信用しないほうがいい。

人物像・背景

- 手に負えないほど活発で多弁な子どもだった
- 幼少期から輪の中心になってしゃべることが多かった
- 仲間に入れてもらえず、寂しい思いをした経験がある
- もの静かだったことでいじめられ、トラウマになっている

性格的な思考・行動の傾向

- 人の事情が気になる
- 黙っていられない性分
- 秘密を守れない
- ネタ集めに奔走する
- 正当性よりも話題性があることが重要と考える
- 人の集まる場所に足を運ぶ
- 当事者の気持ちを親身になって考えることができない
- 突拍子もない言動が目立つ
- 騒ぎが大きくなるほど意味不明な達成感を得る
- 根拠も裏付けもなく、耳にした情報を相手かまわず発信する
- すばしっこくて逃げ足が速い
- 思い込みが激しい
- 普段から暴走しがち
- 人を面倒な事態に巻き込むことに罪悪感を覚えない
- いつも場をかき乱す
- 迷惑をかけている自覚がない
- 不躾な態度で、何でもかんでも無意識に首を突っ込む
- 波乱に満ちた生活を好む

CREATOR'S FILE

「狼が出た！」と騒ぎ立て村の大人を騙す少年と同じ

往々にして掴みどころのない、「人騒がせ」というネガティブ属性を備えたキャラが物語に登場することがあります。敵か味方か、なかなか正体が判明しない、どっちつかずの人物です。

その特性は、目立ちたがり屋で主体性がなく、才覚や特技もありません。**「人騒がせ」な言動で人々を煽って動揺させるのは、そういった自身の無能力を悟っているからでしょう。**根拠のない嘘をついて周囲を混乱に陥れ、ひとりほくそ笑んでいる質の悪い性分です。『イソップ寓話』に登場する、「狼が出た！」と騒ぎ立て、村の大人を騙す少年もこの属性です。

物語に「人騒がせ」キャラを登場させる意味として、ひとつに展開の揺さぶりがあります。あらぬ言動で主人公を危険にさらして右往左往させれば、見せ場が生まれて俄然ストーリーが盛り上がります。さらに嘘つきでいい加減な人物がいたほうがリアリティが出ます。人という存在はすべてが良性ではなく、悪性やその中間も存在することで事件が起こり得る混沌とした現実を示唆し、物語にドラマ性をもたせるのです。

とはいえ「人騒がせ」キャラの見せ場は、中盤から終盤にかけての一度にとどめましょう。『イソップ寓話』と同様、何度も「狼が出た！」と嘘をつけば読者は信用しなくなり、裏切りの驚きと意外性が欠けてしまいます。

「人騒がせ」もほどほどにしないと痛い目に遭う

NO.23

無気力【むきりょく】

［英：Apathetic］

【言葉の意味】

やる気が薄れ、活力に欠けている

【類似する属性】

無頓着　怠惰　怠け者　面倒くさがり

【性格・人物像を表現する文例】

もうダメだと思っていた。それくらい落ち込んでいたはずなのに、自分でも信じられないほどの力が湧いてきた。「無気力」から脱出できたのだ。

人物像・背景

- 気だるげで覇気がなく、髪型や服装にも無頓着
- やりたいことがまだ何も見つかっていない無目的な状態
- 家族はおらず、生きる目的もない
- 人に失望した経験があり、まったくやる気が起きなくなった

性格的な思考・行動の傾向

- 表情の変化に乏しい
- 何もやりたくない、頑張りたくないと思っている
- 家に引きこもっている
- 流されるままに生きる
- すぐに困難から逃げてしまう
- 自堕落な生活から抜け出せない
- すぐにメンタルがへこたれる
- 物事に真剣に向き合わない
- うつむいて背中を丸める
- のろのろと歩く
- 人と目を合わせない
- つねにぼんやりしている
- 自己評価が低くて後ろ向き
- 日頃からマイナス思考で、嫌なことばかり考えてしまう
- 何かにつけ憂鬱な気分に陥る
- ローテンションが当たり前
- すべて人任せにする
- 自分の未来に興味がない
- なかなか部屋の片づけをする気になれない
- 朝が苦手で、暗くなってから行動する夜型人間

CREATOR'S FILE

一気にマックスまで到達する劇的な変化が望ましい

あえて肯定的なポジティブ属性として「無気力」という負の停滞状態を捉えるなら、それは充電期間といえるでしょう。

物語の序盤から中盤にかけて、挫折や困難によって主人公の心が折れたとき、その後すんなり回復してしまえば不自然で強引な展開となって違和感が生じます。**現実世界の人間同様、立ち直るための時間とプロセス、きっかけが必要です。**

それゆえ主人公が「無気力」なネガティブ属性に支配された期間中は、怒りや憤りを内面に芽生えさせ、反抗心と自立心の醸成によって行動を起こせるよう仕向けましょう。その間、励ます人や勇気づける人がいても、「無気力」状態から抜け出せないという展開にします。簡単にリカバリーできる「無気力」なら、読者の心を揺さぶるなど不可能だからです。

むしろ、さらに忌まわしくも不幸な出来事が勃発することで、それまで眠っていた感情が一気にマックスまで到達する、劇的な変化が望ましいでしょう。つまり、「無気力」から確実に脱したうえ、これまでにないほどの力を出せるまでに主人公が劇的な成長を遂げるのです。この展開なら、ライバルに打ち勝つ強さに説得力が出てきます。**「無気力」というネガティブ属性は、使い方次第でまたとない良薬になるということです。**

安直な応援では復活しない「無気力」のほうが盛り上がる

NO.24

無慈悲【むじひ】

［英：Cruel］

【言葉の意味】
思いやりに欠けていて、容赦がない

【類似する属性】
冷酷　薄情　無情　残忍　非人道的

【性格・人物像を表現する文例】
「彼女はどこだ？」「へへへ」「貴様！」そのとき、敵の仲間が押し寄せてきた。辛くも逃げ切ったものの、作戦は失敗。私に「無慈悲」な一面があれば。

人物像・背景

- 一方的な叱責や、拷問を受けた辛い経験がある
- 誰も助けてくれないような恵まれない環境で過ごしてきた
- 小さい頃、親からひどい虐待を受けた過去がある
- 人から裏切られたことがトラウマになっている

性格的な思考・行動の傾向

- 他人に何かしてあげるときは相応の見返りを求める
- やられたら必ず仕返しをする
- 自分に利益のないことにはムダな労力を使わない
- 躊躇なく人を裏切る
- 人に頼ろうとしない
- 自分を助けられるのは自分だけだと思い込んでいる
- 人の弱みにつけ込んで脅し、駒として使うことに罪悪感がない
- 動物と触れ合うのが苦手
- やると決めたら容赦がない
- 落ち着いて自分の置かれている状況を客観視できる
- 相手の気持ちになって物事を考えようとしない
- 迷いなく残酷にとどめを刺す
- 効率よく成果を出すことに重きを置いている
- スパルタ的指導をする
- 悪魔のような笑みを見せる
- 復讐のためならどんな悪行もいとわないと考える

CREATOR'S FILE

主人公の善人アピールのために敵役を撃てない設定はわからないではないが……

冷酷かつ残酷な「無慈悲」は、現実世界では受け入れがたいネガティブ属性です。**ところが物語世界の場合、さじ加減次第では「無慈悲」な一面も大切だとつねづね感じています**（※本題目に限り、私見を述べさせていただきます）。たとえばハリウッド映画を観ていると、主人公が憎き敵役を追い詰めるシーンで、そういう状況に出くわします。

主人公は拳銃を構え、一方の敵役は丸腰、千載一遇のチャンス到来です。主人公は捕らえられた恋人の居場所を尋ねます。しかし敵役は「へへへ」と笑うだけで答えません。と、敵役の仲間が現れて一気に形勢逆転、今度は主人公が不利な状況に追い込まれ、あれよあれよと敵役は逃走を図り、結局恋人の居場所は聞き出せませんでした。あるあるな展開ですね。

私はこの手の流れを観ていて、いつもやきもきします。主人公の善人アピールのために敵役を撃てない設定はわからないではないものの、せめて足とか腕に一発銃弾を撃ち込んでいれば、激痛のあまり恋人の居場所を吐いたのではないかと。あるいは大怪我を負わせていれば、まんまと逃げられることなく、人質にして恋人と交換、救助できたのではないかと。

「無慈悲」な一面が主人公にあれば、きっとうまくいったはずです。しかし**「無慈悲」な主人公は正義の味方失格、という難しい問題があります。**

この場面で撃っていれば
彼女を助けられたはずなのに……

NO.25

無礼【ぶれい】

［英：Rude］

【言葉の意味】

礼儀をわきまえず、失礼な態度をとる

【類似する属性】

非礼　不躾　生意気　傲慢

【性格・人物像を表現する文例】

何という「無礼」な奴だ。なにより人を見下した言動が許せない。あれだけ世話になった恩師に、あんなふうに接するとは。絶対に許さない。

人物像・背景

- 自分勝手に振る舞っても特に怒られることなく育った
- 部活動や習い事で上下関係を学ぶ機会がなかった
- 親から礼儀作法やマナーを教わることなく大人になった
- 自信をなくすほどの大きな挫折を経験したことがない

性格的な思考・行動の傾向

- つねに人を見下している
- 誰もに偉そうな態度で接する
- 目上の人にタメ口を利く
- デリカシーのない発言をする
- 人からの注意やアドバイスを聞き入れようとしない
- 自分の不幸を人のせいにする
- 理解力や判断力に乏しい
- 人を敬う気持ちが欠けている
- 思っていることが表情や態度に如実に表れる
- 無遠慮かつ無作法に振る舞う
- 人の欠点を馬鹿にして笑う
- 相手の気持ちになって考えない
- 他人の批判に力を注ぐ
- 人の努力を鼻で笑う
- 自分は選ばれた人間であると勘違いしている
- ムードを険悪にする
- 理不尽に怒って人に当たる
- 他人の容姿をとやかくいう
- 無断で人のものを使う
- 病院や映画館、電車のなかでも気にせず大声で話す

CREATOR'S FILE

悪意に満ちた言い回しで語らせれば強烈な印象を読者に植えつけられる

礼節を重んじるのは日本人ならではの美徳。ということは「無礼」なキャラを登場させれば、読者はどう感じるでしょうか。

大多数の読者は嫌悪感を示し、敵意すら抱くはずです。この特性を物語創作に活用しましょう。具体的には、憎むべき悪役には「無礼」というネガティブ属性を盛り込むことで、役柄に合った悪徳さを存分にアピールできます。**そんな「無礼」なキャラを強調する一要素は、言葉遣いにあります。**

多くの小説の場合、会話文は全体構成の4割近くを占めます。冒頭の登場シーンから悪役の「無礼」なさまを、悪意に満ちた言い回しで本人に語らせれば、地の文でくどくど説明せずとも強烈な負の印象を読者に植えつけられるでしょう。『SAVE THE CAT の法則』の真逆パターンです。悪役を嫌われ者の象徴として描写するなら、言葉遣いの「無礼」さに重きを置けば間違いありません。

さらに「無礼」には、侮辱的、攻撃的、支配的、高圧的といったネガティブ属性が混在します。上から目線で人を人とも思わない偏った思想や振る舞いを加味すれば、さらに強烈なキャラクター像を確立できます。

その一方、主人公は礼儀を尽くす好人物に仕立て、ギャップを印象づけることが必要です。でなければせっかくの「無礼」なキャラが立ちません。

両者の対比があってこそキャラが立つ

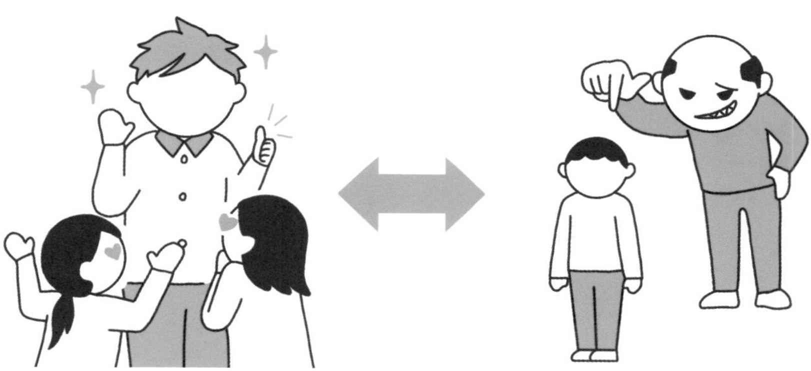

NO.26

幼稚【ようち】

[英：Childish]

【言葉の意味】

態度や行動が子どもじみている

【類似する属性】

子どもっぽい　未熟　幼い　稚拙　片生（かたなり）

【性格・人物像を表現する文例】

まるで犯人像の見当がつかない。相当な知能指数を有するはずだが、その手口は支離滅裂で破滅的だ。まるで「幼稚」な子どもの仕業にも思える。

人物像・背景

- 楽しかった子どもの頃を、ずっと忘れられずにいる
- 末っ子で、兄・姉にお願いすれば何でも譲ってもらえた
- 幼少期から厳しく叱ってくれる大人がいなかった
- 恐怖や困難から逃げ出した経験がある

性格的な思考・行動の傾向

- 自分中心で物事を考える
- 嫌いなことはしたくない
- すぐに調子に乗る
- 過酷な現実に目を向けようとせず、逃避する傾向が強い
- 後先考えずに、発作的な思いつきと衝動で行動する
- 表面的なことしかいえない
- 人の弱みを見つけると、冷やかに蔑んで喜ぶ
- 人のいうことを聞かない
- 周囲の迷惑をまるで考えない
- 立場をわきまえず、好き嫌いで人への態度をころころ変える
- 礼儀やマナーを考えず、思うがまま勝手に振る舞う
- 自分のことは棚に上げる
- 人の関心を引くためなら稚拙ないたずらを働く
- 感情的になりやすい
- 熱しやすく、冷めやすい
- 娯楽に多くの時間を費やす
- 斬新な発想で人を驚かせる
- 単純で騙されやすい

CREATOR'S FILE

ただシンプルに凶悪な犯罪者よりも物語に深みとドラマを与える

子どもっぽい、未熟、幼いという特性を含む「幼稚」なネガティブ属性を物語の登場人物に付与するとすれば、どのようなキャラクターになるでしょう？　まず思いつくのは、十代前後かそれ以下の年代の子どもです。しかし、それでは安直すぎて、あまりにひねりがありません。

「幼稚」な性格を深読みすると、後先を顧みない、自己中心的、善悪の判断能力が低い、さらには直情的で支配的、暴力的な一面もあります。

子どもであれば許容できるこれら負の傾向ですが、大人に「幼稚」な属性を被せると、特異な危険人物に変容します。

少なからず人とは二面性を持っているもの。知能指数が高い、卓越した特殊技能を誇るといった有能な一面を備える大人が、「幼稚」だという矛盾を孕んでいれば、要注意キャラとなること間違いありません。

「幼稚」な精神的側面を持つ凶悪犯やサイコキラーは、ただシンプルに凶悪な犯罪者よりも物語に深みとドラマを与えます。過去の事件や家庭環境に起因するトラウマが人格形成に絡むからです。その謎な背景を語ることで、歪んだ人間を創出した社会への復讐劇が成立する場合もあります。

「幼稚」＝子どもと安易に考えがちですが、深読みした人物造形を考え抜けば、物語創作においてじつに〝おいしい〟ネガティブ属性となります。

昨今はコンピュータの進歩から インテリで優秀だけど「幼稚」な凶悪犯が増えてきた

NO.27

乱暴【らんぼう】

[英：Rough]

【言葉の意味】

気性が激しく無作法である

【類似する属性】

荒々しい　凶暴　直情的　攻撃的　がさつ

【性格・人物像を表現する文例】

手負いの獣のようなあの男が、これほどの武人として成長するとは。もはやかつての「乱暴」者の面影はない。苛烈な修練を重ねてきたのだろう。

人物像・背景

- 犯罪の渦巻く治安の悪い環境で育った
- 幼少期に両親やきょうだいから苛烈な虐待を受けた経験がある
- ガラの悪い不良やヤンキー、チンピラ、またはギャングやヤクザのような反社会的な組織に関わりながら生きてきた

性格的な思考・行動の傾向

- 規則に従わない
- すぐにかっとなって手が出る
- 感情の起伏が激しい
- 薬物や酒に依存している
- 心からの笑顔を見せない
- 従わない相手を力で強引にねじ伏せようとする
- 深く考えず、その場の衝動や気まぐれで行動する
- ものをぞんざいに扱う
- 自分に非があってもまったく反省しないばかりか開き直る
- 所かまわず暴言を吐く
- すぐにたんかを切る
- 人を思いやる気持ちがなく、自分の利益を優先する
- 容赦なく人に手を出す
- 一般常識が欠落している
- 自堕落な生活を送る
- 我慢強さや忍耐力がない
- 自分勝手で協調性がない
- 悪巧みが得意
- 反抗的な態度をとる
- 悪業や愚行を繰り返す

CREATOR'S FILE

読者が望む主人公の成長とは人としての在り方の進化

前頁の「幼稚」が悪役にとって〝おいしい〟ネガティブ属性なら、「乱暴」は正義の味方の主人公にとって王道のネガティブ属性といえます。社会的規範から外れ、ルールに従わない「乱暴」者は、ヒーローに生まれ変わる前の未成熟な状態として描かれる場合が多く、そのギャップを鮮明に表現するほどに、成長後の姿が雄々しく映るという効果があります。

一例を挙げるなら、『バガボンド』の主人公、宮本武蔵です。無法者のアウトローだった武蔵ですが、剣の道を極めて天下無双を目指す流浪の旅の道中にて、多くの武人や賢人と出会い、人間的成長を遂げていきます。その成長ぶりが魅力的で、読者を惹きつけます。

「乱暴」者を素材にする面白さは、肉体面の成長のみならず、精神面の成長をしっかり描ける点にあります。というのも、読者が望む主人公の成長とは、人としての徳を積むことだからです。ただ単にメキメキと腕っぷしが強くなることは求められません。バランスのとれた人間性を育むと同時に、他人の痛みや辛さを共有できる優しさを備えた人格者になってこそ、ヒーローにふさわしいとみなされます。**ポイントは、荒くれた「乱暴」者の主人公に、人としての道を諭す師匠役キャラを登場させること。**この存在なくして「乱暴」者からヒーローへの転生はあり得ません。

師匠の存在が「乱暴」者には必要

COLUMN 4

最初に登場するシーンとリアクションでキャラは決まる

キャラクターをつくり上げるうえで、2つの重要なポイントがあります。

まずポイント1。キャラクターの初登場シーンは、一発で読者の心に残るものにし、印象づけたいキャラ像を鮮烈に描くこと。

人間というのは〝最初に得た情報〟によって人物を判断します。たとえば、第一印象が悪かった人は、その後の付き合いでいい人だと判明しても、深層心理ではネガティブキャラとして記憶され、そのイメージが払拭されるには莫大な時間を要します。よって書き手は、必ず初登場シーンで印象づけたいキャラ像を提示し、物語のスムーズな走り出しを確保すべきです。ちなみに、P.26で紹介した『SAVE THE CATの法則』が理にかなっているのは、この基本原則に忠実だからです。

次にポイント2。起こった出来事に対しては、喜怒哀楽いずれかの激しい感情を抱かせ、どのようにリアクションをするか、徹底的に計算したうえで描くことです。

たとえば、主人公が最愛の恋人を敵に殺されたとします。ここで主人公が激怒すれば、ストレートで真正直な性格に加えて、好戦的な一面がうかがえます。哀しみに暮れてただ号泣するだけなら、心根が弱くて頼りない人物に映ります。いきなり笑い出せば、裏で画策して恋人を陥れたともとれ、油断ならない要注意人物となるでしょう。このように、リアクション次第でキャラクターの属性は大きく変わります。

キャラクターのあらゆる言動には意味が伴うもの。どんなキャラクターにしたいのか、また読者にどんな印象を抱いてほしいのか、作品のテーマやメッセージを考慮しながら創作するよう心がけましょう。

書き込み式

クリエイターのための キャラクター創作シート

STEP.1

キャラクターの内面をイメージする

まずは、以下のシンプルなプロット（ストーリーの概要）と人物相関図をもとに、キャラクターに具体性を持たせてみましょう。

プロット（ストーリーの概要）

これはこの世界ではないどこか別世界の物語。町はずれで育った主人公は、幼なじみの仲間とともに敵を倒すことを町の人々に誓って旅立った。旅の途中、協力者の助けを受けながら敵の牙城にたどり着くことに成功した――。

人物相関図

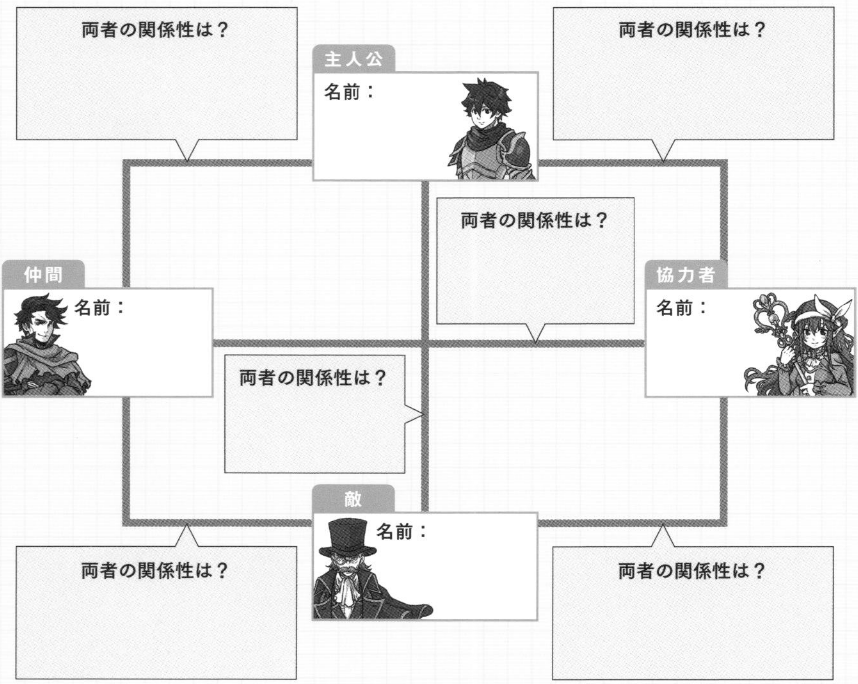

主人公

表向きの顔は？

例：誰にでも分け隔てなく接する優しい心の持ち主

裏の顔（本性）は？

例：意気地なしで、人の意見に左右されることがある

職業（あれば裏稼業）は？

例：見習い騎士

どんな過去を持っている？

例：両親が離婚し、女手ひとつで育てられた

どんな価値観を持っている？

例：自分のことよりも仲間を優先する

※私的利用に限り、コピーしてお使いください。

仲間

表向きの顔は？

裏の顔（本性）は？

職業（あれば裏稼業）は？

どんな過去を持っている？

どんな価値観を持っている？

協力者

表向きの顔は？

裏の顔（本性）は？

職業（あれば裏稼業）は？

どんな過去を持っている？

どんな価値観を持っている？

敵

表向きの顔は？

裏の顔（本性）は？

職業（あれば裏稼業）は？

どんな過去を持っている？

どんな価値観を持っている？

※私的利用に限り、コピーしてお使いください。

STEP.2

人物の性格を表現する【ポジティブ編】

キャラクターが持つポジティブな思考や背景、そこから生まれる言動を下の語彙を使って自由に表現してみましょう。

ポジティブな性格を表す語彙

勇ましい	色っぽい	大人っぽい	お人好し
几帳面	謙虚	個性的	自信家
慈悲深い	純粋	上品	慎重
辛抱強い	責任感が強い	積極的	知的
注意深い	忠誠的	天真爛漫	賑やか
熱血漢	無口	優しい	野心家
ユニーク	のん気	礼儀正しい	

主人公

人物の思考や背景

例：母親から愛情を
　　たっぷり注がれた

具体的な言動

例：人の話をよく聞き、共感力がある

仲間

人物の思考や背景

具体的な言動

協力者

人物の思考や背景

具体的な言動

敵

人物の思考や背景

具体的な言動

※私的利用に限り、コピーしてお使いください。

STEP.3

人物の性格を表現する【ネガティブ編】

キャラクターが持つネガティブな思考や背景、そこから生まれる言動を下の語彙を使って自由に表現してみましょう。

ネガティブな性格を表す語彙

浅はか	甘えん坊	いい加減	意気地なし
疑い深い	鬱陶しい	頑固	気分屋
生真面目	気弱	口うるさい	ケチ
傲慢	怖がり	自分勝手	嫉妬深い
自滅的	せっかち	生意気	ナルシスト
卑怯	人騒がせ	無気力	無慈悲
無礼	幼稚	乱暴	

主人公

人物の思考や背景

例：父親がいないという劣等感がある

具体的な言動

例：自分の意見がなく、周囲を困らせる

仲間

人物の思考や背景

具体的な言動

協力者

人物の思考や背景

具体的な言動

敵

人物の思考や背景

具体的な言動

※私的利用に限り、コピーしてお使いください。

おわりに

早いもので2022年夏にクリエイターシリーズの刊行がスタートし、今回で５作目を迎えました。本書は、前作『語彙力図鑑』の続編という位置づけとなります。キャラクターを造形するための考え方、二分化される性格の属性、そこから派生する個性や傾向を深掘りした人格形成の表現方法、さらには物語に及ぼす多様な演出効果について、さまざまな見地から解説してきました。

断言しますが、キャラクターとは物語創作者にとって永遠の命題であり、つねに頭をもたげる難題でもあります。

私がメジャーデビューして間もないころ、とある編集者にアドバイスされました。「ストーリーが登場人物を動かすのではなく、キャラクターが展開を引っ張らなければ、作品は面白くならないよ」と。

この違いがわかりますか？

当時の私にはよく理解できませんでした。

しかしその後、創作の壁にぶち当たりながらも、幾多の作品を世に出すうちに、おぼろげに理解できるようになりました。大切なのは、キャラクターが物語の最上位に君臨し、世界観や起承転結を牽引するパワーを持っている——ということだったのです。

本書で解説する、キャラクターを体系的に捉えるための二方向のポジティブ／ネガティブ属性は、いわば〝人間くさい〟本質です。それらをリアルに描き切れば、キャラクターが現実世界の実在人物のように読者の心に息づきます。そして行動を起こして展開を引っ張り、作品をより面白くするでしょう。

その根底を支えるのが書き手の最大の武器、語彙力です。本書を活用して、あなたの物語に登場するキャラクターが圧倒的なパワーを持つ〝生きる存在〟となれば、これに勝る歓びはありません。

最後に謝辞となります。

いつもチームを支えてくださる担当編集の上原さま、細谷さま、本書で拙著5作目の表紙を華麗に飾ってくださる盟友456さま、そして何より本書を愛読してくださる読者の皆さまへ。

この出会いに、切に感謝いたします。

2023年 晩秋の頃　　秀島 迅

著者　**秀島 迅**（ひでしま じん）
青山学院大学経済学部卒。2015年、応募総数日本一の電撃小説大賞（KADOKAWA）から選出され、『さよなら、君のいない海』で単行本デビュー。小説家として文芸誌に執筆活動をしながら、芸能人や著名人のインタビュー、著述書、自伝などの執筆も行っている。近著に長編青春小説『その一秒先を信じて シロの篇／アカの篇』2作同時発売（講談社）、『プロの小説家が教える クリエイターのための名付けの技法書』（日本文芸社）などがある。また、コピーライターや映像作家としての顔も持ち、企業CM制作のシナリオライティングなど、現在も月10本以上手がけている。
X（旧Twitter）：@JinHideshima

BOOK STAFF
編集　細谷健次朗（株式会社G.B.）
編集協力　北川紗織（株式会社G.B.）、三ツ森陽和、吉川はるか
カバーイラスト　456
本文イラスト　真崎なこ
図版　別府 拓、松嶋かこ（Q.design）
装丁・本文デザイン　別府 拓、奥平菜月（Q.design）
校正　聚珍社

プロの小説家が教える
クリエイターのための語彙力図鑑 性格・人物編

2024年2月1日 第1刷発行
2024年11月1日 第3刷発行

著　者　秀島 迅
発行者　竹村 響
印刷所　株式会社文化カラー印刷
製本所　大口製本印刷株式会社
発行所　株式会社 日本文芸社
〒100-0003　東京都千代田区一ツ橋 1-1-1 パレスサイドビル 8F

Printed in Japan 112240117-112241015 Ⓝ 03 (201119)
ISBN978-4-537-22179-4

編集担当　上原